Heinz-Jürgen Herzlieb

Konflikte lösen

Konfliktpotenzial erkennen –
in Konfliktsituationen souverän agieren

4. Auflage

W005726Z

Bibliografische Information der Deutschen Nationalbibliothek
Die Deutsche Nationalbibliothek verzeichnet diese Publikation in der
Deutschen Nationalbibliografie; detaillierte bibliografische Daten sind
im Internet über http://dnb.d-nb.de abrufbar.

© Cornelsen Scriptor 2012   D C B A
Bibliographisches Institut GmbH
Dudenstraße 6, 68167 Mannheim

Redaktion Dr. Hildegard Hogen, Jürgen Hotz
Herstellung Judith Diemer
Umschlaggestaltung glas-ag, Seeheim-Jugenheim
Umschlagabbildung shutterstock.com/jocic (Boxhandschuhe)
Satz Fotosatz Moers, Viersen
Druck und Bindung Freiburger Graphische Betriebe
Bebelstraße 11, 79108 Freiburg im Breisgau
Printed in Germany

ISBN 978-3-411-87003-5

Vorwort

Kennen Sie auch diese Tage, die jede Menge Ärger mit sich bringen? Oder Situationen, in denen Sie feststellen, dass 20 Prozent der Situation 80 Prozent des Ärgers verursachen? Viele dieser Situationen fallen in die Kategorie Konflikte. Manche sind auch unvermeidbar.

Wem es jedoch gelingt, sich so zu verhalten, dass ein wesentlicher Teil an möglichen Konflikten gar nicht erst entsteht, der kann seine Energie auf die wirklich wichtigen Dinge des Lebens richten. Wer darüber hinaus auch noch Strategien parat hat, unvermeidbare Konflikte wirklich konstruktiv und nachhaltig zu lösen, ist noch ein Stück weiter auf dem Weg zu persönlicher Souveränität als wichtiger Erfolgsgrundlage. Manchmal aber lassen sich Konflikte auch einfach nicht lösen – zumindest nicht kurzfristig. Auch für solche Situationen bietet dieses Buch Ihnen Lösungsstrategien.

Bei den Lösungsstrategien geht es in diesem Buch allerdings nicht nur um die sicherlich wichtigen Kommunikationstechniken. Mindestens genauso wichtig ist die Klärung der Fragen, wer in einer Konfliktsituation welche Karten mit ins Spiel bringt und wie man es erreicht, die richtigen Karten im richtigen Moment auszuspielen.

Mit dem Bewusstsein für die eigenen Anteile am Konfliktgeschehen, mit psychologischem Grundwissen über die Hintergründe von Konflikten und mit dem notwendigen Rüstzeug für Konfliktgespräche vergrößern Sie Ihre Chancen für erfolgreiches Konfliktmanagement. Allerdings: Konflikte wird es immer wieder geben – sonst wäre es wohl auch zu langweilig.

Niedernberg, im Januar 2012   *Heinz-Jürgen Herzlieb*

Inhalt

1 Einleitung **7**
- Adam und Eva und der erste Konflikt
  der Weltgeschichte 7
- Das Leben steckt voller Konflikte 8
- Definition – was ist denn nun ein Konflikt? 9

Auf den Punkt gebracht **12**

**2 Wie Sie viel mit dem Buch
erreichen können** **13**
- Was genau wollen Sie erreichen? 13
- Mit welcher Strategie werden Sie
  Ihre Ziele erreichen? 14
- Konfliktfähigkeit als Kernkompetenz 15
- Welche Situationen erleben Sie persönlich
  als Konflikte? 17
- Was haben Sie bisher schon versucht? . . . 18

Auf den Punkt gebracht **19**

**3 Sensibilität für den eigenen
Anteil am Konflikt** **20**
- Rollenverhalten 21
- Ihre Einstellung zu Konflikten 23
- Die Wirkung von Erfahrungen 25
- Wo sitzen Ihre „roten Knöpfe"? 27
- Transaktionsanalyse –
  Was unser Verhalten prägt 29

- Lebenseinstellungen 37
- Selbstwertgefühl 42
- Werte und Normen 43

Magazinseite
Schätzen Sie sich selbst ein! 46
- Warum wir manchmal unnötigerweise
  „den Affen springen" lassen 50

Auf den Punkt gebracht **53**

4   Konflikte erkennen **54**
- Warnzeichen 54
- Neutrale Wahrnehmung 66
- Wessen Konflikt ist es eigentlich?. 67
- Konflikte als positive Herausforderung . . . 72

Auf den Punkt gebracht **74**

5   Unnötige Konflikte vermeiden . . . **75**
- Offene Information und Kommunikation . . 75
- Positive Grundstimmung schaffen 76
- Feedback-Kultur sorgt für Transparenz . . 78
- Eigene Wünsche wahrnehmen und äußern 87
- Flexibel denken 88
- Schlüsselfragen für sachliches Agieren
  in emotionalen Situationen 90

Auf den Punkt gebracht **91**

6   **Unvermeidbare Konflikte im Gespräch bearbeiten und klären**   **92**

- Konfliktstrategien – einsam siegen oder gemeinsam gewinnen?   92

Magazinseite
Konfliktstrategien.   94

- Gewinner – Sieger – Verlierer: Wo liegt der Unterschied?   98
- Wenn Konflikte eskalieren.   99

Magazinseite
Das Eskalationsmodell.   100

- Der rote Faden für das erfolgreiche Konfliktgespräch   103

Magazinseite
Das erfolgreiche Konfliktgespräch   108

- Gesprächsinterventionen   111

Auf den Punkt gebracht **117**

7   **Die Schlichterfunktion** **118**

- Wer ist schon neutral?   119
- Klärungshelfer statt Konfliktlöser   119
- Drama-Dreieck: Die Schlichter-Rolle kann gefährlich sein   121

Auf den Punkt gebracht **122**

8   **SOS-Konflikte** **123**

- Welche Muster laufen ab?   123
- Primär- und Sekundärkonflikt trennen . . .   125

Schlusswort   126
Literatur   126
Stichwortverzeichnis   127

1 Einleitung

Adam und Eva und der erste Konflikt der Weltgeschichte

Selbst im Paradies gibt es Konflikte

Stellen Sie sich vor, Ihr Leben verliefe absolut ohne Konflikte – Sie würden sich fühlen wie im Paradies. Stellen Sie sich weiter vor, auch um Sie herum würden paradiesische Zustände herrschen – das Leben aller Menschen wäre geprägt von gegenseitigem Verstehen, von gleichen Vorstellungen über gut und nicht gut und von absolutem Konsens in allen Fragen. Streit und Unfrieden wären Fremdworte. Es gäbe keine Auseinandersetzungen, keine Streithähne, die aneinandergerieten. Niemand würde laut, unbeherrscht und emotional handeln, Wut und Frust wären unbekannt. Ein attraktives Ziel also?

Wie war das denn damals mit Adam und Eva im Paradies? Alles war bestens geregelt, den beiden ging es hervorragend, sie hatten alles, was Sie brauchten, und mussten sich um nichts besonders bemühen. Die einzige kleine Einschränkung war das Verbot, Äpfel von einem bestimmten Baum zu essen. Wenn nur dieses Verbot nicht gewesen wäre! Schließlich führte der Verstoß gegen das Verbot zur Vertreibung aus dem Paradies. Was hat nun Adam dazu gebracht, gegen das Verbot zu verstoßen, zumal ihm doch klar sein musste, dass eine Zuwiderhandlung ernsthafte Konsequenzen haben und das Ende der paradiesischen Zustände verursachen würde?

Da gibt es sicherlich viele Möglichkeiten, beispielsweise:

- Adam hatte nicht zugehört und daher das Verbot gar nicht mitbekommen.
- Oder er war nicht besonders clever in der Einschätzung der Folgen.
- Oder aber er konnte sich gegen Eva einfach nicht durchsetzen.
- Oder ihm ging das Verbot „gegen den Strich".
- Oder er war im Grunde neugierig und immer bereit, Grenzen auszutesten.
- Oder sein Appetit auf einen Apfel war derart groß, dass ihm mögliche negative Folgen egal waren.
- Oder er ging davon aus, dass das Verbot gar nicht ernst gemeint war.
- Oder ihm waren die paradiesischen Gegebenheiten einfach zu eintönig und langweilig.

Das Leben steckt voller Konflikte

Alle diese Überlegungen werden allerdings Hypothesen bleiben – wir werden es nicht mehr herausbekommen. Was aber das Beispiel von Adam und Eva zum Thema Konfliktmanagement an sich deutlich macht, ist Folgendes:

- Konflikte lauern überall – ein Leben ohne Konflikte wäre illusorisch und vermutlich auch ziemlich langweilig und öde.
- Konfliktsituationen stellen eine Herausforderung dar und fordern uns zum Handeln auf.
- Wir müssen meist eine konkrete Entscheidung treffen, wie wir uns in einer Konfliktsituation verhalten wollen.
- In Konfliktsituationen liegen vielfach Chancen für positive Veränderungen, aber auch Risiken, dass sich eine Situation negativ entwickelt.
- Gerade in Konfliktsituationen handeln Menschen nicht immer rational – oft ist das Verhalten sehr stark von Emotionen geprägt.

Definition – Was ist denn nun ein Konflikt?

„Wenn du mit mir diskutieren willst, definiere mir erst deine Begriffe", soll der griechische Philosoph Aristoteles gesagt haben. Also lassen Sie uns an den Beginn des Buches eine Definition stellen, damit wir von einem einigermaßen einheitlichen Verständnis des Begriffes ausgehen können:

Ein Konflikt liegt immer dann vor, wenn

- mindestens zwei Elemente (Gedanken, Wünsche, Ziele, Verhaltensweisen, Personen, Gruppen, Bewertungen, Gefühle etc.)
- gleichzeitig,
- gegensätzlich und
- unvereinbar erscheinen,
- die Situation als belastend und störend erlebt wird,
- Lösungsdruck entsteht und
- eine Eskalationstendenz gegeben ist.

Grundsätzlich können wir zwei Arten von Konflikten unterscheiden.

Der interpersonale Konflikt

Wenn sich Konflikte zwischen Menschen abspielen, sprechen wir vom interpersonalen Konflikt:

Ein Mitarbeiter hat sich vorgenommen, pünktlich Feierabend zu machen, um abends einen Bekannten zu treffen, den er schon ewig nicht mehr gesehen hat – der Vorgesetzte jedoch möchte, dass der Mitarbeiter zur schnellen Klärung einer Reklamation eines sehr wichtigen Kunden zwei Stunden länger im Büro bleibt. Im Gespräch werden die unterschiedlichen Vorstellungen deutlich.

Ein Ehepaar plant den gemeinsamen Jahresurlaub des nächsten Jahres. Er möchte gerne in die Berge zum Wandern, sie möchte gerne ans Meer zum Baden, der heranwachsende Sohn hat keine Lust auf Familienurlaub und will mit einem Kumpel durch Deutschland trampen. In der Diskussion wird klar, dass die Vorstellungen über den Urlaub sehr unterschiedlich sind.

Der Kollege A ist der Meinung, dass sein Kollege B gegenüber reklamierenden Kunden zu kulant auftritt, und fordert ihn auf, die Unternehmensinteressen stärker in den Vordergrund zu stellen und nicht zu viele Zugeständnisse zu machen. Der Kollege B wiederum ist überzeugt davon, dass der Kollege A durch sein stures Beharren auf der Rechtsposition reklamierende Kunden unnötig vor den Kopf stößt und das Unternehmen dadurch Kunden verliert.

Der intrapersonale Konflikt

Konflikte können sich aber auch „innerhalb" eines Menschen abspielen, dann sprechen wir vom intrapersonalen Konflikt.

Ein Vorgesetzter ist mit der Arbeit seines Mitarbeiters nicht zufrieden, möchte ihn aber auch nicht kritisieren, weil er befürchtet, den Mitarbeiter durch seine hohen Qualitätsansprüche zu überfordern und letztendlich zu demotivieren.

Eine Frau findet das Hobby ihres Ehemannes ziemlich langweilig und stört sich daran, dass er im Bekanntenkreis kein anderes Gesprächsthema findet. Sie möchte ihm das aber nicht offen sagen, einerseits um ihn nicht zu enttäuschen, andererseits um keinen Streit zu provozieren.

Der Kollege A ärgert sich darüber, dass sein Kollege B sich aus seiner Sicht beim Vorgesetzten immer wieder in den Vordergrund spielt. Er zögert aber, dieses Verhalten anzusprechen, weil er befürchtet, dass ihm das wiederum beim Vorgesetzten erst recht Nachteile einbringen würde.

Konflikte können innerhalb einer Einzelperson und
zwischen verschiedenen Personen entstehen

Auf den Punkt gebracht

Konflikte sind ein wesentlicher und niemals auszuschließender Bestandteil des Lebens

- Konflikte entstehen aufgrund unterschiedlicher, gegensätzlicher oder unvereinbarer Werte, Bewertungen, Ziele, Wünsche, Vorstellungen, Gefühle, Handlungsoptionen etc.

- Situationen, die als belastend und störend erlebt werden oder hohen Handlungs- und Lösungsdruck mit sich bringen, sind besonders konfliktträchtig.

- Konflikte bergen Risiken und Chancen und ziehen oft eine Situationsveränderung nach sich.

- Konflikte fordern von den Beteiligten, dass sie individuell Stellung beziehen und konkret handeln.

- Konflikte können sich innerhalb einer einzelnen Person und zwischen verschiedenen Personen abspielen.

2 Wie Sie viel mit dem Buch erreichen können

Wie wollen Sie mit Konflikten umgehen?

Ein wesentlicher Teil meiner Arbeit als Trainer sind Seminare zum Thema Konfliktmanagement. Gerade bei firmeninternen Seminaren ist es sicher für manchen eine schwierige Entscheidung, an einem Konfliktseminar teilzunehmen. *Wie denken wohl die Kollegen darüber, wenn ich mich zu einem Konflikttraining anmelde? Wie weit kann ich in einem solchen Seminar ehrlich sein, wenn Kollegen dabei sind, mit denen ich auch im Alltag zu tun habe?* Dementsprechend vorsichtig sind zunächst auch oft die Antworten auf die Frage formuliert: Was konkret möchten Sie mit dem Seminar erreichen? *Ich habe zwar keine konkreten Konflikte – mich hat das Thema aber mal allgemein interessiert* oder *Man kann ja immer etwas dazulernen* lauten dann oft die wenig konkreten und ausweichenden Antworten.

Sie als Leser haben es da einfacher – Sie brauchen auf niemand Rücksicht zu nehmen und auch vor Reaktionen anderer keine Bedenken zu haben, wenn Sie für sich ein klares Ziel formulieren, das Sie mit der Lektüre des Buches erreichen wollen.

Was genau wollen Sie erreichen?

Zielorientierung ist eine wichtige Erfolgskomponente – wer nicht weiß, wohin er will, braucht sich nicht wundern, wenn er woanders ankommt, heißt ein lockerer Spruch dazu. Nur mit klar formulierten Zielen könnten Sie später auch der Frage nachgehen, ob Sie Ihr Ziel erreicht haben und was sich verändert hat. Eine Zielvorstellung wie oben beschrieben *Man kann ja immer dazulernen* wäre natürlich sehr vage und unklar. Deshalb mein Vorschlag: Investieren Sie vorab ein paar Minuten Ihrer wertvollen Zeit in das Fixieren Ihrer Absichten und Ziele.

Eigene Ziele

- Was konkret möchten Sie erreichen?
- Mit welchen Situationen möchten Sie besser zurechtkommen?
- Wie würden Sie in Konfliktsituationen am liebsten agieren?
- Welche Konflikte möchten Sie nachhaltig aus der Welt schaffen?

Mit welcher Strategie werden Sie Ihre Ziele erreichen?

Eine weitere wichtige Erfolgskomponente ist die Konsequenz im Handeln. Spätestens wenn Sie das Buch vollständig durchgelesen oder durchgearbeitet haben, wird es wichtig sein, dass Sie für sich genau definieren, was Sie nun tun werden und mit welchen konkreten Einzelschritten Sie Ihre Ziele erreichen wollen. Wenig hilfreich wäre es natürlich, wenn Sie es bei der Feststellung belassen würden *Nun müsste ich eigentlich mal etwas unternehmen.* An das Entwickeln einer Umsetzungsstrategie möchte ich Sie immer wieder während der Lektüre des Buches erinnern.

Zielorientierung und Konsequenz im Handeln sind auch Elemente im Konfliktgeschehen

Wer für seinen Weg klare Ziele definiert und diese Ziele mit konsequentem Vorgehen zu erreichen versucht, wird natürlich häufiger in Konfliktsituationen geraten als derjenige, dessen Ziele unklar sind. Konflikte haben häufig mit unterschiedlichen Zielen der handelnden Personen zu tun. Auch im Bereich der persönlichen Ziele werden Konfliktsituationen häufiger. Wenn sich persönliche Ziele gegenseitig ausschließen, haben Sie es mit einem Konfliktpotenzial zu tun. Wenn die persönlichen Ziele sehr klar definiert sind, werden Zielkonflikte häufiger auftreten. Wer zum Beispiel einerseits das Ziel verfolgt, im kommenden Jahr an einem Marathonlauf teilzunehmen, und dafür einen ambitionierten Trainingsplan aufgestellt hat und andererseits sehr gerne Zeit mit Freunden und Bekannten verbringt, hat einen Zielkonflikt, es sei denn, seine freie Zeit ist so großzügig bemessen, dass er beide Ziele erreichen kann, ohne auf einer Seite Abstriche zu machen.

Konfliktfähigkeit als Kernkompetenz

Zu den in der heutigen Zeit immer wichtiger werdenden Kompetenzen gehört Konfliktfähigkeit. Sie umfasst vier Bereiche an Fähigkeiten, die ineinandergreifen und sich teilweise gegenseitig bedingen.

Konfliktfähigkeit beinhaltet die Kompetenz,

- unnötige Konflikte zu vermeiden,
- Konflikte frühzeitig zu erkennen,
- Konflikte konstruktiv zu klären,
- in nicht auflösbaren Konfliktsituationen handlungsfähig zu bleiben.

Im beruflichen Bereich sind die Anforderungen sowohl an den Einzelnen als auch an Teams nachhaltig gestiegen; Unternehmen bewegen sich in schwierigen, tendenziell auch zunehmend unberechenbaren Märkten, die Rahmenbedingungen werden schwieriger, Entscheidungen müssen zunehmend unter Zeitdruck getroffen werden, die Lebensdauer von Entscheidungen wird kürzer, das Arbeitsvolumen ist oft nur mit

Mühe und hoher Konzentration zu schaffen. Die bisher geltenden Werte und Normen verlieren teilweise an Bedeutung: Kooperation als Erfolg versprechendes Arbeitsmodell bedingt die
konstruktive Auseinandersetzung mit unterschiedlichen Meinungen, die oft weit auseinandergehen können – der zumeist
vorherrschende Zeitdruck und oft auch Druck von oben machen andererseits schnelle Entscheidungen notwendig und
begrenzen die Möglichkeiten der gründlichen Diskussion.

Unnötige Konflikte vermeiden

In dieser Situation ist es eine entscheidende Voraussetzung
für erfolgreiches Arbeiten und Zusammenwirken, dass zunächst einmal die unnötigen Konflikte so weit wie möglich
vermieden werden. Jeder Konflikt „kostet" Energie und Zeit –
jeder unnötige Konflikt kostet *unnötige* Energie und Zeit, die
an anderer Stelle dann oft dringend nötig wären.

Konflikte und Konfliktpotenziale frühzeitig erkennen

Konflikte sind in der Regel nicht plötzlich da – sie entwickeln
sich meist aus kleinen Anfängen. Hohe Bedeutung haben dabei auch ungeklärte Konflikte, die immer wieder durchschla-
gen und neue Konflikte verursachen können. Das frühzeitige
Erkennen von Konflikten bietet die Möglichkeit einer Klärung
in einem Stadium, in dem dies noch einfach zu bewerkstelli-
gen ist. Konflikte haben eine Tendenz zur Eskalation – auf jeder höheren Eskalationsstufe wird die Klärung schwieriger,
weil die Konfliktparteien jeweils grundlegend negativere Hal-
tungen einnehmen.

Konflikte konstruktiv klären

In der Konfliktbewältigung gibt es viele unterschiedliche Strategien und Klärungsansätze. Eine konstruktive Klärung hat
dann stattgefunden, wenn die Konfliktparteien die gefundene
Lösung sachlich und emotional wirklich akzeptieren und
nicht offen oder insgeheim nachträglich den Konflikt wieder
aufleben lassen. Eine konstruktive Klärung bedingt einerseits

das Einhalten bestimmter Spiel- und Kommunikationsregeln, andererseits auch Geduld und die Bereitschaft, sich mit der jeweils anderen Sichtweise zu befassen, bzw. – im Sinne unserer Definition – die Bereitschaft, alle den Konflikt bedingenden Elemente in die Klärung einzubeziehen.

In unlösbaren Konfliktsituationen handlungsfähig bleiben

Nicht jeder Konflikt kann geklärt werden – zumindest nicht immer so schnell, wie es den Konfliktparteien oder anderen mittelbar Beteiligten recht und wichtig wäre. Das hat teilweise ganz pragmatische Gründe: Es fehlt beispielsweise an der notwendigen Zeit, einen Konflikt sofort zu klären. Wenn aufgrund plötzlichen Ausfalls eines wichtigen Mitarbeiters ein Vorgesetzter einem anderen Mitarbeiter den zugesagten freien Tag kurzfristig streichen muss, weil ein wichtiges Projekt zu bearbeiten ist, kann es zunächst einfach so sein, dass ein klärendes Gespräch nicht möglich ist, sei es aufgrund der Zeitknappheit, sei es aufgrund der massiven Verärgerung des Mitarbeiters. Trotzdem wäre es sinnvoll, wenn beide trotz des schwelenden Konflikts sich weiter auf ihre Arbeit konzentrieren und die Klärung zu einem späteren, günstigeren Zeitpunkt vornehmen würden.

Welche Situationen erleben Sie persönlich als Konflikte?

Was oder welche Situationen ein Mensch als Konflikt definiert, bewertet oder empfindet, kann recht unterschiedlich sein. Das hat beispielsweise damit zu tun, wie souverän und ausgeglichen oder wie engagiert und ambitioniert der Einzelne jeweils ist. Deshalb ist die zentrale Fragestellung eben die nach für Sie persönlich als Konflikt geltenden Situationen. Versuchen Sie, einige reale Konfliktsituationen zu skizzieren. Sie können dabei sowohl aktuelle Konfliktsituationen auswählen als auch bereits erledigte Situationen als Beispiel nehmen. Wichtig ist es, dass Sie eine ganz konkrete Gegebenheit überdenken, wenn Sie wirklich mit Konfliktsituationen besser zurechtkommen wollen. Weil Konflikte oft auch mit Emotionen zu tun haben, können Sie die Frage auch so formulieren:

Was macht für mich einen Konflikt aus?

- Welche Situationen sind für mich persönlich unangenehm, störend, belastend, frustrierend, ärgerlich, konfliktträchtig?
- Wer waren die Beteiligten?
- Was war der Anlass für den Konflikt? Wie äußerte sich der Konflikt?
- Welche Lösungen wurden versucht?
- Wie wurde der Konflikt letztlich geklärt?
- Wie war ich persönlich emotional betroffen?

Was haben Sie bisher schon versucht?

Wenn Sie einige Konfliktsituationen zusammengetragen haben, ist ein weiterer wichtiger Aspekt für die Entwicklung Ihrer persönlichen Konfliktstrategie die Frage, was Sie in diesen Situationen unternommen hatten, um die Konflikte zu klären bzw. zu beenden. Notieren Sie bitte deshalb auch stichwortartig Ihre Gedanken zu dieser Fragestellung.

Auf den Punkt gebracht

Finden Sie Ihre Strategie!

- Analysieren Sie Situationen, die Sie persönlich als konfliktträchtig empfunden haben.

- Je klarer Sie definieren, wie Sie künftig in solchen Konfliktsituationen agieren werden, und je klarer Sie dazu eine Strategie entwickeln, umso mehr werden Sie erreichen

- Konfliktfähigkeit gilt als Kernkompetenz. Sie umfasst die Fähigkeiten,
  - unnötige Konflikte zu vermeiden,
  - Konflikte frühzeitig zu erkennen,
  - Konflikte konstruktiv zu klären und
  - in nicht lösbaren Konfliktsituationen handlungsfähig zu bleiben.

3 Sensibilität für den eigenen Anteil am Konflikt

Welches Konfliktpotenzial haben Sie?

Wenn Menschen – beispielsweise Teilnehmer in einem Seminar – über Konfliktsituationen berichten, die sie erlebt haben, dann spielt zunächst oft unübersehbar ein Trend mit, die Ursache dieser Situation beim Konfliktpartner zu sehen. Dabei mischen sich oft die Frage nach der Ursache und die Frage, wer an dem Konflikt die Schuld trägt oder trug.

Dadurch entstehen zwei wenig hilfreiche Tendenzen: Zum einen wird der Konfliktpartner negativ gesehen. Zum anderen verstellt die Tendenz der Schuldzuweisung den Blick auf den eigenen Anteil am Konflikt. Da man bekanntlich leichter sich selbst ändern kann als einen anderen, ist die Frage nach dem eigenen Anteil wichtig, um alle Möglichkeiten der Konfliktprävention und -bewältigung auszuschöpfen.

Wohlgemerkt: Es geht nicht darum, nun die Schuld nur bei sich selbst zu suchen. Es geht vielmehr darum, sensibel zu werden für die Frage, was die Karten sind, die man selbst ins Spiel bringt. Und natürlich um die Frage, ob man künftig mit anderen Karten mehr Erfolg haben könnte.

Übrigens: Vielleicht hat Sie der Begriff Konfliktpartner irritiert. In der Tat wird in Konfliktsituationen in der Regel vom Konfliktgegner und nicht vom Konfliktpartner gesprochen. Diese negative Grundeinstellung erschwert die Klärung und ist damit keine tragfähige Basis für eine Konfliktlösung.

> Seien Sie konstruktiv und machen Sie aus Konfliktgegnern Konfliktpartner.

In den folgenden Ausführungen geht es in diesem Sinne um den „eigenen Anteil" am Konflikt. Der ungeduldige Leser, der zuerst wissen möchte, mit welchen Methoden er Konflikte erkennen und klären kann, sollte daher die folgenden Ausführungen überblättern und in Kapitel 4 weiterlesen. Wer allerdings die Geduld hat, sich erst einmal mit den folgenden Themen auseinanderzusetzen, hat damit vielleicht die Grundlage für eine besser abgesicherte Veränderungsstrategie.

Rollenverhalten

Jeder nimmt im Laufe eines Tages – vielleicht sogar innerhalb weniger Minuten – unterschiedliche Rollen ein: ein Gespräch mit einem Kollegen, ein Telefonat mit dem Mitarbeiter einer Behörde, ein Telefonat mit einem wichtigen Kunden, eine Projektbesprechung mit Kollegen aus unterschiedlichen Aufgabenbereichen, ein Gespräch mit dem Vorgesetzten. Im Rahmen jeder Rolle setzen wir bestimmte Verhaltensweisen ein. Teilweise tun wir das bewusst, weil wir beispielsweise in einem Seminar gelernt haben, wie man mit ärgerlichen Kunden besser zurechtkommt, teilweise ist unser Verhalten Ergebnis unbewusster Gedankenprozesse, basierend auf den Erfahrungen, die wir im Lauf unseres Lebens gemacht haben. Diese Verhaltensweisen können in verschiedenen Rollen recht unterschiedlich sein – manche Menschen verhalten sich allerdings auch in unterschiedlichen Rollen relativ ähnlich.

Die Sicht der Dinge ändert sich, je nachdem welche Rolle jemand einnimmt.

So neigen manche Autofahrer dazu, sich über Radfahrer und Fußgänger zu ärgern. Wenn solch ein Autofahrer dann einmal aufs Fahrrad umsteigt, schimpft er auf die rücksichtslosen Autofahrer und die unaufmerksamen Fußgänger. Als Fußgänger wiederum stört ihn sowohl das Verhalten der Auto- als auch das der Fahrradfahrer.

Wenn ein Mitarbeiter beispielsweise einen Anruf von einem als kritisch und streng geltenden Vorgesetzten bekommt, wird er sich wahrscheinlich sprachlich etwas anders verhalten, als er dies tut, wenn er mit einem Kollegen telefoniert, mit dem er schon seit Jahren eng und vertrauensvoll zusammenarbeitet. Vielleicht wird er im Telefonat mit dem Vorgesetzten eher kurz und knapp antworten und eine aufrechte Sitzhaltung einnehmen, während er im Telefonat mit dem Kollegen entspannt zurückgelehnt sitzt und einen lockeren Plauderton pflegt.

> Die Art und Weise, in der wir in bestimmten Rollen agieren, kann einerseits dazu beitragen, Konflikte zu vermeiden, kann aber andererseits auch Konflikte heraufbeschwören und verschärfen.

Ein zu offensives und forderndes Verhalten anderen gegenüber wird entweder Widerstände und Widerspruch provozieren, wenn der andere in gleicher Weise reagiert, oder aber der Gesprächspartner wird sich äußerlich zurückhalten und klein beigeben, innerlich aber unzufrieden sein. Im ersten Fall tritt der Konflikt dann offen zutage – im zweiten Fall ist der Konflikt im Moment noch nicht ohne Weiteres erkennbar, kann und wird aber zu einem späteren Zeitpunkt an die Oberfläche kommen. Ein zu unterwürfiges und angepasstes Verhalten anderen gegenüber kann aber ebenfalls die Basis für das Entstehen von Konflikten bilden. Wer mit seiner Meinung zu sehr hinter dem Berg hält und eher den Mund hält, als zu sagen, wenn er anderer Ansicht ist, wird wenig dazu beitragen, seine eigenen Ziele oder die ihm gesetzten Ziele zu erreichen. Er wird sich eher ausgenutzt und übervorteilt fühlen und unzufrieden mit dem Erreichten sein, sich vielleicht auch wegen mangelnder Durchsetzungsfähigkeit an anderer Stelle wiederum Ärger einhandeln.
Entscheidend ist in jeder Rolle ein selbstbewusstes Agieren: quasi auf Augenhöhe mit dem jeweiligen anderen kommunizieren. Mit klaren Zielen und einem Sinn für das Machbare in ein Gespräch zu gehen und dabei bereit und in der Lage zu sein, unterschiedliche Meinungen deutlich zu machen und sachlich über ein Thema oder ein Problem zu diskutieren. Sensibel zu sein und auf die Gefühlsebene einzugehen, wo

dies sinnvoll ist, ohne sich selbst emotional in etwas verwickeln oder hineinziehen zu lassen.

Ihre Einstellung zu Konflikten

Mit einer kleinen Übung können Sie testen, wie Ihre persönliche Ausgangsbasis für das Bewältigen von Konfliktsituationen aussieht. Zu dem Stichwort „Urlaub" gehen Menschen beispielsweise spontan bestimmte Assoziationen durch den Kopf, etwa: Sonne, Meer, tolles Hotel, Erholung, genießen etc.

Nun notieren Sie bitte, welche Assoziationen Ihnen spontan zum Begriff Konflikt durch den Kopf gehen! Wenn Sie die Begriffe, die Sie gefunden haben, reflektieren und analysieren, gibt es letztlich drei mögliche Tendenzen:

- Es sind Ihnen von vornherein überwiegend positive Assoziationen eingefallen, wie zum Beispiel: „Klärung", „gemeinsame Ziele", „Lösung", „Herausforderung", „Chance" und so weiter.
- Ihre Aufstellung enthält eher negative Assoziationen, wie beispielsweise: „Ärger", „Auseinandersetzung", „Verdruss", „Verliererproblematik", „Retourkutsche" und Ähnliches.
- Ihre Aufstellung enthält eine ausgewogene Mischung aus positiven und negativen und auch eher neutrale Assoziationen wie „Gespräch", „Diskussion", „Meinungsunterschied".

Es liegt auf der Hand, dass derjenige, der mit dem Begriff „Konflikt" automatisch negative Assoziationen verbindet, sich schwerer tun wird, einen Konflikt souverän und konstruktiv anzugehen und zu lösen, als derjenige, für den ein Konflikt eine interessante Herausforderung darstellt. Zwar sollte man sich nicht gleich in jede sich bietende Konfrontation stürzen. Aber eine positive Grundeinstellung mit dem Bewusstsein für vorhandene Risiken und Schwierigkeiten, mit einer Portion Selbstbewusstsein und Optimismus sind generell eine gute Basis für das eigene Agieren – sowohl allgemein als auch ganz konkret in entstandenen und unvermeidbaren Konfliktsituationen.

Kooperation ist dem Menschen nicht in die Wiege gelegt

In Konfliktseminaren setze ich regelmäßig eine bestimmte Übung ein, um die Bereitschaft zu kooperativem Verhalten zu testen. Zwei oder drei Gruppen arbeiten an der gleichen Aufgabenstellung. Die Aufgabe führt in der Regel zu recht unterschiedlichen Lösungen, weil es sich um eine eher unstrukturierte Aufgabe handelt, bei der viel Kreativität möglich und auch nötig ist. Jede Gruppe präsentiert ihr Ergebnis; Diskussionen sind noch nicht zugelassen. Dann erhalten die Gruppen die Aufgabe, durch eine paritätisch besetzte „Jury" – jeweils zwei Mitglieder aus jeder Gruppe – eine Entscheidung treffen zu lassen, welches Gruppenergebnis das beste ist.

Wer für die Jury ausgewählt wird und wie die Mitglieder in der Jury agieren sollen, wird in einer kurzen gruppeninternen Vorbesprechung geklärt. Schon hier fällt auf, dass die Gruppen überwiegend „kämpferische" Strategien entwickeln, in denen es darum geht, wie man am besten die anderen Gruppen „austricksen" oder „über den Tisch ziehen" könnte. Die Diskussion fokussiert sich dann meist auf die erkennbaren und vermuteten Schwächen im Ergebnis und in der Präsentation der anderen Gruppen und darauf, wie man erkannte Schwächen des eigenen Ergebnisses geschickt verbergen oder argumentativ verschönern kann.

Wenn die Jury dann zusammenkommt, dauert es in der Regel nicht lange, bis – im übertragenen Sinne – die „Fetzen fliegen". Kritische Kommentierung der „gegnerischen" Ergebnisse, versteckte und offene Angriffe, andere Beteiligte der Lächerlichkeit preisgebende Abwertungen und Tricks unfairer Dialektik prägen schnell die „Gesprächskultur". Meist ist auch eine Eskalation unschwer erkennbar, Angriffe der einen Seite werden von der anderen Seite mit immer heftigeren Retourkutschen quittiert; kaum einer hört noch auf sachliche Argumente – jeder ist nur noch interessiert, das eigene Ergebnis bestmöglich zu verteidigen. Das von der Aufgabenstellung her deutliche gemeinsame Ziel, nämlich die Auswahl des besten Ergebnisses zur weiteren Bearbeitung, ist offensichtlich ganz aus dem Bewusstsein verschwunden.

Wenn selbst in spielerisch angelegten Konfliktsituationen in Seminaren die Beteiligten schnell dazu neigen, gegeneinander statt miteinander zu agieren, dann lässt das aus meiner Sicht den Schluss zu, dass dem Menschen das kooperative Verhalten offensichtlich nicht „in die Wiege gelegt wurde". Kooperatives Verhalten will vielmehr gelernt und geübt werden.

> Im Rahmen eines kooperativen Vorgehens lassen sich viele Konflikte verhindern, und wenn sie entstehen, können sie konstruktiv und tragfähig bewältigt werden.

Vor allem sind kooperativ getroffene Absprachen konsensfähig und auch nachhaltig wirksam. Der Konflikt flammt nicht wieder auf, weil alle Beteiligten auch wirklich hinter der Lösung stehen.

Im Folgenden wird ausgeführt, was uns in den vier Dimensionen der oben beschriebenen Konfliktfähigkeit einschränken kann. Wo immer Sie feststellen, dass Sie die Möglichkeiten Ihrer Konfliktkompetenz nicht voll ausschöpfen, haben Sie ein mögliches Lernfeld für sich entdeckt, dessen Beherrschung einen Teil Ihrer persönlichen Strategie darstellen kann. So stellen Sie sicher, dass Sie künftig mit einem Bewusstsein für den „eigenen Anteil" in Konfliktsituationen erfolgreicher agieren können.

Die Wirkung von Erfahrungen

Die Einstellung zu Konflikten hat auch mit früheren Erfahrungen zu tun. Nehmen Sie an, jemand versucht einem Kollegen vorsichtig beizubringen, dass er die Arbeitsaufteilung für unausgewogen hält und daher mehr Unterstützung erwartet.

Der Kollege reagiert daraufhin unerwartet heftig und macht seinerseits dem Kollegen Vorwürfe wegen anderer Dinge. Wenn diese Erfahrung nun dazu führt, dass der Kollege zukünftig vergleichbare Situationen von vornherein mit einer tendenziell negativen Einstellung angeht, dann wird sein Versuch einer Konfliktklärung eher misslingen. Er wird vermutlich lediglich das wahrnehmen (wollen), was seine skeptische Haltung bestätigt. Damit bestätigt sich die eingangs dargestellte Erfahrung: Kollegen auf eine unausgewogene Arbeitsaufteilung anzusprechen funktioniert nicht! Diese Erfahrung wird also in künftige ähnliche Situationen mit hineinspielen und damit die Erfolgsaussichten von vornherein verringern.

An diesem Beispiel wird deutlich, in welche Richtungen Erfahrungen wirken können: Positive Erfahrungen – Erfahrungen über Erfolge also – helfen uns, auch künftig erfolgreich zu sein. Negative Erfahrungen können dagegen dazu führen, dass wir entweder bestimmte Situationen grundsätzlich vermeiden, weil wir einen Misserfolg vorhersehen, oder dass wir unsere Erfolgspotenziale selbst reduzieren, weil wir mit einer negativen Grundeinstellung ans Werk gehen, da wir einmal gewonnene negative Erfahrungen generalisieren.

(Davon einmal abgesehen, bringen negative Erfahrungen natürlich den sinnvollen Effekt mit sich, uns davor zu bewahren, den gleichen Fehler zweimal oder noch öfter zu machen.)

> Versuchen Sie also möglichst offen und unvoreingenommen in Konfliktsituationen hineinzugehen, um so Ihre Aussichten, den Konflikt konstruktiv zu bewältigen, zu erhöhen.

Wichtig ist es daher, sich bewusst zu machen, wenn – insbesondere negative – Erfahrungen uns in einer Konfliktsituation beeinflussen. Achten Sie darauf, dass Sie sich nicht zu sehr und vor allem nicht unreflektiert von den in der Vergangenheit gewonnenen Erfahrungen leiten lassen. Insbesondere wenn Sie merken, dass eine Erfahrung eine Einschränkung für Sie darstellt, ist es wichtig, diese Erfahrung möglichst neutral zu reflektieren. „Im Hier und Jetzt" handeln, heißt die Devise. Die Situation zu analysieren und den Konflikt mit der Frage nach möglichen Lösungen anzugehen, ist wesentlich sinnvoller, als sich zu lange mit früheren Erfahrungen auseinanderzusetzen.

Wo sitzen Ihre „roten Knöpfe"?

Mitunter reagieren Menschen in bestimmten Situationen unerwartet heftig oder für andere nicht nachvollziehbar. Dann ist in der Regel einer ihrer „roten Knöpfe" gedrückt worden. Damit sind individuelle Empfindlichkeiten gemeint, die so wirken, dass wir angesichts bestimmter Umfeldbedingungen oder Verhaltensweisen anderer überreagieren: entweder wie das berühmte HB-Männchen in die Luft gehen oder uns beleidigt ins Schneckenhaus zurückziehen.

Der neue Vorgesetzte eines kleinen Teams ist relativ jung und in der neuen Aufgabenstellung noch unerfahren. Vor diesem Hintergrund will er natürlich keine Fehler machen. Weil er von Natur aus auch eher skeptisch und kritisch ist und hohe Anforderungen an die Qualität von Ergebnissen stellt, hinterfragt er die Arbeitsergebnisse seiner Mitarbeiter sehr intensiv. Auch in Teamdiskussionen fällt auf, dass seine Antworten auf Vorschläge und Ideen in der Regel mit „Ja gut, aber ..." beginnen.
Ein Mitarbeiter stört sich zunehmend an dieser Formulierung. In Gesprächen reagiert er gereizt und überzogen, wenn diese „Ja-gut-aber-..."-Kommentare erfolgen. Sein Verhalten wechselt zwischen aggressivem Durchsetzen und beleidigtem Rückzug in den Schmollwinkel.
Erst als ihn seine Kollegen auf sein Verhalten hin ansprechen, wird ihm bewusst, dass er eigentlich nur noch auf das „Stichwort" seines Vorgesetzten wartet, um dann dagegen zu schießen. Zukünftig versucht er immer wieder, gelassener zu bleiben, und allmählich gelingt es ihm, sich mit seinem Chef konstruktiv auseinanderzusetzen.

Wer seine „roten Knöpfe" kennt, kann gelassener und damit sachlicher agieren

Solche roten Knöpfe haben viele Menschen – sie können ganz unterschiedlicher Art sein. Den einen stört es enorm, wenn jemand schlechte Essensangewohnheiten hat, den anderen nerven bestimmte Formulierungen seines Gesprächspartners, wiederum ein anderer kommt in den roten Bereich, wenn er im Gespräch öfters mal unterbrochen wird, andere stört es total, wenn ein Gesprächspartner immer wieder vom Thema abschweift.

In solchen Situationen gewissermaßen automatisch überzureagieren, bringt ganz konkrete Nachteile mit sich. Die Verhaltensweisen anderer können nicht mehr angemessen beurteilt werden und das eigene Handeln wird reaktiv statt aktiv: Man bringt sich gewissermaßen selbst in Zugzwang.

Jemand, der beispielsweise einer Rede folgt und sich derart über die schlechte Rhetorik und die ständigen „Ähs" des Redners aufregt, dass er beginnt im Geiste akribisch eine Strichliste darüber zu führen, bekommt nicht nur vom Inhalt nichts mehr mit (der vielleicht ganz interessant gewesen wäre) – er kann so auch am aktuellen Verhalten des Redners nichts ändern.

Fallen Ihnen beim Nachdenken auch Situationen ein, in denen Sie fast automatisch reagiert haben, weil irgendein „roter Knopf" gedrückt worden ist? Bedenken Sie bitte, dass es in den meisten Fällen sinnvoller und hilfreicher ist, erst zu überlegen, bevor man unbedacht reagiert. Und bedenken Sie bitte auch, dass andere merken können, womit sie bei Ihnen ungünstige Reaktionen auslösen können. Wenn es also jemand nicht gut mit Ihnen meint, könnte er Sie recht erfolgreich manipulieren.

> Durch „rote Knöpfe" ausgelöste, unreflektiert ablaufende Verhaltensmechanismen verstellen den Blick auf die Realität und verhindern konstruktive Konfliktlösungen.

Transaktionsanalyse – Was unser Verhalten prägt

Ein anschauliches Erklärungsmodell für das menschliche Verhalten liefert die Transaktionsanalyse, die schon vor Jahren als gut verständliches Modell für Kommunikation und Verhalten bekannt wurde. Gerade für das Verhalten in Konfliktsituationen hält sie einleuchtende und leicht verständliche Erklärungen parat, warum beispielsweise in Konflikten bestimmte Mechanismen ablaufen. Darüber hinaus bietet sie aber auch recht pragmatische Hilfestellungen, um die eigene Konfliktfähigkeit zu stärken.

Stark vereinfacht ist die Erkenntnis der Transaktionsanalyse, unser Verhalten im Kontext dreier unterscheidbarer Verhaltensmuster zu erklären – in der Sprache der Transaktionsanalyse die „Ich-Zustände". Wir befinden uns danach entweder im Eltern-Ich, im Erwachsenen-Ich oder im Kind-Ich. Und wir wechseln manchmal sehr schnell aus einem in einen anderen Ich-Zustand – manchmal sogar innerhalb eines Satzes, den wir sprechen. Deshalb ist der jeweilige Zustand immer nur eine Momentaufnahme. Andererseits hat jeder Mensch schon seine Präferenzen – einzelne Ich-Zustände, die er besonders gern einnimmt und in denen er sich sicher fühlt.

Was beinhalten die einzelnen Verhaltensmuster der Ich-Zustände?

Das **Eltern-Ich** stellt die Summe der Verhaltensweisen dar, die wir in frühester Kindheit gewissermaßen bei unseren Eltern abgeschaut und unreflektiert übernommen haben. Diese Muster sind quasi wie auf einer Festplatte abgespeichert und werden auf bestimmte Impulse von außen aufgerufen und abgespielt. Sicher ist Ihnen schon einmal aufgefallen, dass Sie sich in einer Situation verhalten haben, wie Sie es von Ihrem Vater oder von Ihrer Mutter in Erinnerung haben.

Dieses Eltern-Verhalten hat zwei Grundrichtungen:

- einerseits die kritische, anweisende, anordnende, befehlende, strafende, drohende Version – kurz das kritische Eltern-Ich,
- andererseits die fürsorgliche, behütende, schützende, tröstende, ermutigende Version – kurz das fürsorgliche Eltern-Ich.

Das **Erwachsenen-Ich** stellt das Verhalten dar, das einem rational denkenden und handelnden Menschen entspricht, dessen Gefühle auch jeweils zur Situation passen bzw. angemessen sind. Dieses Erwachsenen-Ich ist geprägt von Rationalität, analytischem Vorgehen, sachlicher Grundtendenz, abwägend bei verschiedenen Möglichkeiten, entscheidend aufgrund von Fakten. Gefühle spielen keine dominierende Rolle, sie sind in angemessener Form mit beteiligt.

Das **Kind-Ich** stellt die Summe der Verhaltensweisen dar, die wir uns aus unserer Kindheit bewahrt haben – wir verhalten uns teilweise, wie wir es in unserer Kindheit getan haben.

Das Kind-Ich wird in drei Teilbereichen dargestellt:

- Das freie Kind ist der spontane, unbeeinflusste, nicht von Normen und Werten kontrollierte Teil unseres Verhaltens: ausgelassen sein, herumalbern, Streiche aushecken, Schadenfreude, träumen, fantasieren und so weiter.

- Beim angepassten Kind handelt es sich um den Teil unserer Persönlichkeit, der gelernt hat, dass man sich an Normen und Regeln halten sollte, dass Folgsamkeit sinnvoll ist, der Einsicht zeigt, nett und brav ist und darauf achtet, nicht aus der Rolle zu fallen.
- Dann gibt es noch das rebellische Kind: unbeherrscht sein, uneinsichtig, trotzig, bockig, unfolgsam, renitent, eine „Jetzt-erst-recht-nicht-Haltung" einnehmen, widersprechen, aufbegehren, beleidigt, sich ungerecht behandelt fühlend.

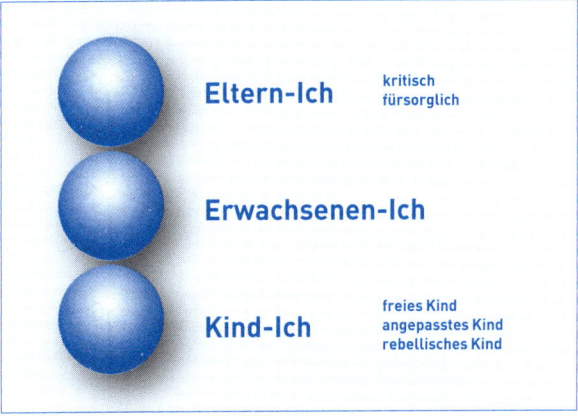

Die festen Verhaltensmuster der verschiedenen Ich-Zustände steuern unser (Konflikt-)Verhalten

Chancen und Risiken in Konfliktsituationen

Wer mit der Tendenz des kritischen Eltern-Ichs an Konflikte herangeht, tut dies aufgrund seiner kritischen Grundtendenz mit Skepsis und Ungeduld. Er reagiert schnell und lässt den Konflikt nicht lange schmoren. Ihn stört oder ärgert die Konfliktsituation und er setzt seine volle Energie ein, um den Konflikt möglichst schnell vom Tisch zu bekommen. Wenn es sein muss, auch mit einem Machtwort.

Die Chancen sind im energischen und schnellen Agieren zu sehen und im Mut, den Konflikt klar und offen anzusprechen und zu klären. Riskant ist allerdings beim kritischen Eltern-Ich, dass der Betreffende nicht zimperlich mit den Konfliktpartnern umgeht. Beim Suchen von Lösungen wird es schwer, ihn von Ideen zu überzeugen, die von seinen eigenen Vorstellungen abweichen. Überhaupt muss er aufpassen, dass ihm nicht die Schuldfrage wichtiger wird als die Lösung.

Auch das fürsorgliche Eltern-Ich vereinigt Chancen und Risiken. Auf der Seite der Chancen steht sicherlich die positive, optimistische Grundtendenz. Die Bereitschaft, selbst einen Beitrag zur Lösung des Konflikts zu leisten, und eine gewisse Nachsicht mit dem Konfliktpartner lassen eine friedliche Lösung wahrscheinlich werden. Die Gefahr steckt darin, dass der Konfliktpartner den „Ernst der Lage" nicht erkennt und dass die gefundene Lösung den Konflikt nicht wirklich löst oder dass der aus dem fürsorglichen Eltern-Ich Agierende den Hauptanteil an der Lösung übernimmt und somit sich selbst „schlechte Karten" gibt.

Das Erwachsenen-Ich scheint auf den ersten Blick die Idealkonstellation für Konflikte zu sein: immer sachlich, nicht übermäßig emotional, analytisch und sorgfältig im Vorgehen bei der Konfliktlösung und stets bereit, die Sichtweisen aller Beteiligten zu berücksichtigen. Die Risiken treten dann auf, wenn ein Konflikt auch mal schnell und durchsetzungsstark aus der Welt geschafft werden muss, beispielsweise weil die Zeit drängt. Oder wenn es emotional wird, weil sich einiges aufgestaut hat. Dann kann es sein, dass der Konfliktpartner durch die ausgeprägte Sachlichkeit erst recht in Rage gerät.

Im Verhaltensmuster des freien Kind-Ichs finden sich ebenfalls Chancen und Risiken. In der Spontaneität dieser Tendenz liegt vor allem die Chance, unbefangen und damit locker an Konflikte heranzugehen und beim Finden von Lösungen grundsätzlich eher optimistisch und mit einer gesunden Portion Humor vorzugehen. Auf der Risikoseite steht beispielsweise, dass man durch zu viel Unbefangenheit und Spontaneität andere leicht vor den Kopf stoßen kann und dass es schwieriger sein kann, nachzuempfinden, was in einem anderen vorgeht. Daher können sich Konfliktpartner als nicht ernst genommen fühlen – der Konflikt lässt sich so natürlich nicht oder nur schwer lösen.

Das Verhaltensmuster angepasstes Kind kann Konfliktsituationen die Schärfe und Eskalationstendenz nehmen, weil hier die Bereitschaft besteht, einzulenken und die Vorstellungen anderer zu akzeptieren. Es besteht die Neigung, Konflikte zu vermeiden und eher nachzugeben und die eigenen Vorstellungen denen anderer unterzuordnen. Damit ist das Risiko verbunden, immer wieder mal zu kurz zu kommen: Wer seine eigenen Vorstellungen nicht verwirklicht, wird seine Ziele nur schwer erreichen und vor allem auch viele gute Ideen und Ansätze nicht realisieren. Die Nachgiebigkeits- und Akzeptanztendenz kann ein Gefühl des Ausgenutztwerdens und des Verlierens hinterlassen und damit die Grundlage für spätere Retourkutschen schaffen.

Auch das Muster des rebellischen Kindes beinhaltet Chancen und Risiken. Wer aus dieser Haltung heraus öfter widerspricht, wird natürlich nicht in dem Maße wie beispielsweise das angepasste Kind sich den Vorstellungen anderer unterordnen. Er wird auch erreichen, dass andere erst überlegen, bevor sie vom „rebellischen Kind" etwas verlangen, dadurch entstehen manche Konflikte erst gar nicht. Auf der hemmenden Seite stehen die Tendenzen, durch eine grundsätzliche und zu konsequente Widerstandshaltung unnötige Konfliktsituationen zu provozieren. Der Widerstand führt zu einem Aufschaukeln des Konflikts – der andere verstärkt seinen Druck – das wiederum kann das „rebellische Kind" nicht vertragen – es verstärkt seinen Widerstand.

Wie können wir die Muster verändern?

Sicher können Sie nachvollziehen, dass Sie sich selbst auch immer wieder in diesen unterschiedlichen Rollen bewegen. Wichtig ist zu wissen, dass wir diese Rollen zwar meist unbewusst einnehmen, dass wir aber auch in der Lage sind, diese Rollen bewusst zu wählen – beispielsweise um eine sich abzeichnende Konfliktsituation zu entschärfen oder um eine Konfliktsituation zu klären.

Offensichtlich ist es nach diesem Modell am ehesten sinnvoll, aus dem Erwachsenen-Ich heraus zu agieren. Das entspricht in etwa auch dem oben bereits genannten sinnvollen Rollenverhalten: selbstbewusst, quasi auf Augenhöhe mit dem anderen bzw. mit dem Konfliktpartner kommunizieren, souverän und sensibel zugleich, lösungsorientiert mit dem Blick nach vorn. Aus der Erwachsenenperspektive heraus lässt sich eine Konfliktsituation gemeinsam analysieren, besteht ein Interesse daran, unterschiedliche Sichtweisen – bzw. die gleichzeitig und gegenseitig auftretenden Elemente im Sinne der Definition am Beginn des Buches – verstehen zu wollen und zu können, verschiedene Lösungsmöglichkeiten zusammenzutragen und zu diskutieren, Vor- und Nachteile der verschiedenen Lösungen abzuwägen und schließlich eine gemeinsame Entscheidung zu treffen. Auf der Erwachsenenebene besteht dann auch die Einsicht, dass manchmal Kompromisse notwendig sind.

> Die Disposition des Erwachsenen-Ichs ist das für das Bewältigen von Konflikten günstigste Verhaltensmuster.

Ungünstige Voraussetzungen und damit gegebenenfalls auch sinnvoll zu verändernde Verhaltensweisen finden sich am ehesten im Falle von Über-Kreuz-Transaktionen; hier wird gewissermaßen das Prinzip der gleichen Augenhöhe verletzt. Besonders konfliktträchtig sind Transaktionen zwischen dem kritischen Eltern-Ich und dem rebellischen Kind, aber auch zwischen dem fürsorglichen Eltern-Ich und dem angepassten Kind-Ich.

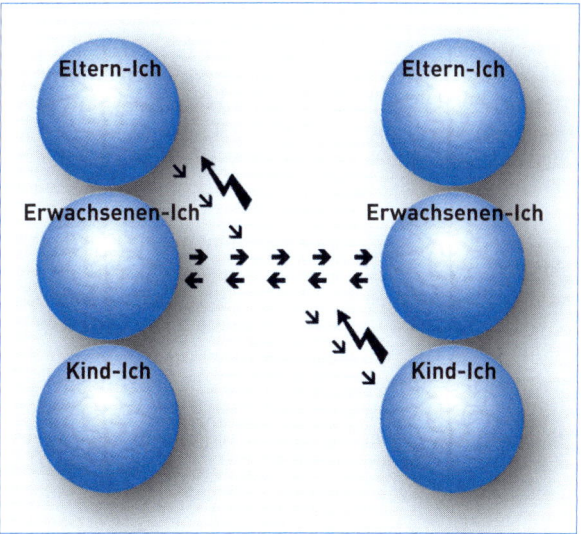

Über-Kreuz-Transaktionen sind besonders konfliktträchtig

Es liegt auf der Hand, dass die Verhaltensweisen aus dem kritischen Eltern-Ich heraus Widerstand provozieren. Im Sinne der Transaktionsanalyse springt beim kritischen Eltern-Ich-Verhalten des einen Gesprächspartners bei seinem Gegenüber fast automatisch das rebellische Kind-Verhalten an. Die kritische Grundhaltung des entsprechenden Eltern-Ichs äußert sich beispielsweise in einseitiger und absoluter Kritik – die Reaktion aus dem rebellischen Kind-Ich heraus bewegt sich dann im Bereich des Rechtfertigens, des Erfindens von Ausreden, des Abwehrens von Lösungsvorschlägen und der Uneinsichtigkeit bezüglich des kritisierten Sachverhalts. Jeder der Beteiligten fühlt sich natürlich in seinem Verhalten auch im Recht – schließlich war es ja der jeweils andere, der ihn zu diesem Verhalten provoziert hat. Klar ist natürlich, dass auf diesem Weg eine Lösung mehr als mühevoll und nicht sehr wahrscheinlich ist.

Die ungünstigen Aspekte des fürsorglichen Eltern-Ichs liegen darin, dass ein entsprechend überzogenes Verhalten beim anderen dazu führen kann, dass er sich eingeengt und bevormundet fühlt. Auch hier kommt dann schnell auf der anderen Seite das rebellische Kind-Ich ins Spiel.

Die Haltung des angepassten Kind-Ichs scheint zunächst recht hilfreich zu sein, um Konflikte zu vermeiden. Wer nachgibt, Einsicht zeigt, seine Meinung ändert oder anpasst, um Ärger zu vermeiden, wird in der Tat den Ausbruch vieler Konflikte vermeiden. Letztlich aber bleibt der Konflikt bestehen und derjenige, der aus der Haltung des angepassten Kindes heraus alle Konflikte umgeht, wird immer unzufriedener werden, weil er ständig zurücksteckt und seine Ziele und Vorstellungen nicht realisiert.

Sehr wichtig ist es hierbei, zu wissen, dass jeder aus den beschriebenen Verhaltensautomatismen aussteigen kann. Kein Mensch könnte Sie, lieber Leser, beispielsweise provozieren, wenn Sie ganz bewusst entscheiden, sich nicht provozieren zu lassen.

Wer sich etwa durch eine Rechtfertigungshaltung aus dem rebellischen Kind-Ich seines Gegenübers zu einer Retourkutsche aus dem kritischen Eltern-Ich hinreißen lässt, sollte wissen, dass er sich genauso entscheiden könnte, ganz ruhig und sachlich aus dem Erwachsenen-Ich zu antworten.

> In Konfliktsituationen sollte man versuchen, bewusst aus Verhaltensmechanismen auszusteigen und sinnvolle Perspektiven zu wählen.

Wenn es aber nun bereits für solche Überlegungen zu spät ist und sich schon ein ungünstiges Muster entwickelt hat, dann führt der Ausweg nur darüber, dass zumindest einer der Beteiligten erkennt, dass das gerade praktizierte Verhalten nicht zielführend ist und sich darüber hinaus auch entscheidet, eine andere Position einzunehmen – sinnvollerweise aus dem Erwachsenen-Ich heraus versucht, den Konflikt zu klären.

Lebenseinstellungen

Lebenseinstellungen sind grundlegende Strategien, die Menschen tendenziell in Problem- und Konfliktsituationen unbewusst und fast automatisch beeinflussen.

Das folgende Modell ist aus vielen Gesprächen in Seminaren, am Rande von Seminaren und in persönlichen Coachings entstanden. Wenn ich in Seminaren dieses Modell zur Diskussion stelle, erfahre ich hohe Zustimmung und Bestätigung. Die hier genannten Prozentwerte spiegeln übrigens die Schätzungen von Seminarteilnehmern wider.

Die Opferhaltung

Die Grundidee dieser Haltung ist die innere Überzeugung: Schuld sind immer die anderen – ich selbst kann weder etwas dafür noch kann ich etwas dagegen tun.

Ein junger Abteilungsleiter einer Versicherung klagt darüber, dass die Führungsaufgabe voller Konflikte stecke: „Meine Mitarbeiter geben mir ständig das Gefühl, dass ich etwas falsch mache. Das sehe ich schon an ihrem Gesichtsausdruck. Unter diesen Umständen kann ich einfach die Abteilung nicht erfolgreich führen. So werde ich die Abteilungsziele nie erreichen. Und mein Vorgesetzter sieht auch nicht ein, dass ich mit diesen unqualifizierten und unselbstständigen Mitarbeitern einfach nicht die Voraussetzungen habe, um das laufende Geschäft sicherzustellen – ganz zu schweigen von der Übernahme neuer und wichtiger strategischer Aufgaben."

So weit der Originalton einer Führungskraft mit einer sehr ausgeprägten „Opferhaltung". Diese recht häufig anzutreffende Haltung äußert sich darin, dass die Opfer in Konfliktsituationen die Schuldfrage in den Vordergrund stellen und natürlich die Schuld ausschließlich bei anderen sehen – sie selbst haben mit dem Konflikt und seiner Entstehungsgeschichte nichts zu tun. Gleichzeitig finden sie ausreichende Begründungen dafür, dass ihr eigenes Verhalten in der Kon-

fliktsituation richtig oder zumindest unvermeidbar war. Die
Opfer sind auch überzeugt davon, dass sie in bestimmten Situationen gar nicht anders handeln können, weil andere sie zu
einem bestimmten Handeln provoziert oder genötigt haben.
Mit dieser Strategie lösen die Opfer keine Konflikte – im Gegenteil, sie scheinen Konflikte wie ein Magnet anzuziehen.
Unzufriedenheit, Ärger und Frustration sind die Folge: Sie
sind emotional häufig im roten Bereich.

Schätzungen von Seminarteilnehmern über die Häufigkeit
dieser Grundhaltung liegen bei Werten zwischen 60 und 70
Prozent.

Die Kein-Problem-Haltung

Mit dieser Haltung ist eine Tendenz gemeint, sich entwickeln-
de oder bereits existierende Konflikte zu ignorieren, herunter-
zuspielen oder zu verharmlosen.

*Der Vorgesetzte einer Abteilung mit hoher Fluktuation sagt:
„Dass sich immer wieder mal Mitarbeiter aus meiner Abteilung
woandershin bewerben, sehe ich nicht als problematisch an,
schließlich will ich ja auch dem Vorwärtskommen der Mitarbeiter nicht im Wege stehen. Bisher haben wir immer irgendwie
Ersatz bekommen und mit der Einarbeitung hat sich das dann
im Team schon geregelt. Dass es da und dort auch mal Fehler
gibt, ist doch ganz normal. Und die Unzufriedenheit im Team
wird doch auch nur dramatisiert und unnötig hochgespielt.
Konflikte gibt es immer wieder mal, da sollte man als Vorgesetzter meist gar nicht eingreifen. Am besten regelt sich das erfah-
rungsgemäß von selbst. Sind doch alles erwachsene Menschen.
Die raufen sich schon irgendwie zusammen.“*

Aus dieser Haltung heraus nehmen die Akteure nicht wahr,
wenn sich Konfliktpotenziale entwickeln; sie lösen existierende Konflikte nicht, weil sie diese nicht wahrnehmen oder weil
sie die Situation als nicht wichtig einstufen. Auch das Eskalieren von Konflikten versuchen sie erfolgreich zu ignorieren.
Wenn sie nach langer Zeit doch eingreifen – vielleicht auch auf

Druck von außen –, dann ist die Konfliktlösung oft oberfläch-
lich, weil sie keine Notwendigkeit sehen, an den Kern des Konflikts zu gehen. Die Lösung ist damit oft nicht tragfähig.
Die Kein-Problem-Haltung ist nach Schätzung von Seminarteilnehmern mit einer Häufigkeit von 10 bis 15 Prozent anzu-
treffen.

Wirkliches Konfliktmanagement basiert auf der Unternehmer-Einstellung

Menschen mit einer Unternehmer-Einstellung verstehen sich
als „Unternehmer ihres eigenen Lebens". Sie handeln eigen-
verantwortlich und nehmen Konfliktpotenziale und Konflikte
bewusst wahr. Sie analysieren eine Konfliktsituation aus neutraler Perspektive, bevor sie aktiv werden. Sie verfügen über
Konfliktfähigkeit.

Deshalb entscheiden sie sich in Konflikten für eine der drei
folgenden Strategien:

Sie verändern eine Situation

oder nehmen auf andere Menschen positiv und wirkungsvoll
Einfluss, damit diese sich in Teilen ihres Denkens und ihres
Verhaltens ändern. Wenn es im ersten Versuch nicht funktioniert, unternehmen sie nach einer weiteren Nachdenkphase
weitere, gegebenenfalls auch andere Lösungsversuche.

Sie akzeptieren eine Konfliktsituation, die sich aktuell nicht lösen lässt

Unternehmertypen wissen, dass nicht jeder Konflikt lösbar
ist – zumindest oft nicht so schnell, wie es wünschenswert wäre. Wenn ein Konflikt nicht lösbar ist, bleiben sie trotzdem
handlungsfähig. Auch können sie mit dem an einem unlösba-
ren Konflikt beteiligten Partner in anderen Situationen ohne
unnötige Spannungen zusammenarbeiten.
Manchmal bekommt das Akzeptieren auch eine Tendenz des
Aushaltenlernens – sich in einer an sich unbefriedigenden und

ärgerlichen Situation so zu positionieren, dass man sich emotional nicht in den roten Bereich hinein bewegt. Also auf Basis einer bewussten gedanklichen Auseinandersetzung mit einer gewissen Gelassenheit eine bewusste Entscheidung zu treffen, sich – möglicherweise auch nur für einen begrenzten Zeitraum – nicht mehr unnötig frustrieren zu lassen, sich nicht weiter in den Ärger hineinzusteigern, sondern seine Energie dorthin zu lenken, wo die Aktivitäten mehr Erfolg versprechen. Aushaltenlernen ist eine echte Herausforderung. Dies kann nämlich voraussetzen, dass Sie Teile Ihrer grundlegenden Prinzipien infrage stellen müssen und dass Sie, statt zu kämpfen, eine neutrale Haltung einzunehmen versuchen. Gerade das fällt vielen Menschen schwer, denn in Konfliktsituationen verändert sich ja auch die eigene Wahrnehmung – alles, was mit dieser ärgerlichen Situation zu tun hat, wird dem Betroffenen sofort auffallen und seinen Leidensdruck verstärken.

Die Situation verlassen

Für den „Unternehmer" gibt es eine weitere konstruktive Option: Wenn er erkennt, dass er weder etwas verändern noch die unbefriedigende Situation wirklich akzeptieren kann, bleibt ihm noch immer der Weg, aus der Situation herauszugehen – die Situation zu verlassen: also beispielsweise innerhalb des Unternehmens eine Versetzung anzustreben oder sich einen neuen Job in einem anderen Unternehmen zu suchen.

Aha, werden viele Leser spätestens jetzt sagen: „Change it – love it – leave it", wenn Sie diesen aus den USA stammenden Slogan kennen. In Bezug auf „change it" – „verändere etwas" – und in Bezug auf „leave it" – „verlasse die Situation" – ist der Slogan auch absolut zutreffend und bringt die gleichen Grundideen wie oben skizziert auf den Punkt.

Erhebliche Zweifel habe ich aber in Bezug auf die Formulierung „love it". Sorry – aber eine Situation zu lieben, die nachhaltig schwierig und an sich emotional belastend ist, das ist mir doch zu stark übertrieben und plakativ. Nach meiner festen Überzeugung ist es schon ein erheblicher Fortschritt, wenn es jemandem gelingt, schwierige und zunächst unbeeinflussbare Situationen so zu integrieren, dass die emotionale Belastung gegen null tendiert. Und das lernt der Betroffene auch nicht so nebenbei auf der Basis einer plötzlichen Einsicht – nein: Es geht hierbei um einen durchaus langfristigen Prozess des Umlernens. Eine solche Situation dann auch noch zu lieben – nein, das kann und muss nicht sein, das ist aus meiner Sicht eine weit überzogene Zielvorstellung ohne jeden Realitätsbezug.

Sicher ist es bei genauerem Hinsehen so, dass jeder sich da und dort in der Opferhaltung, ein anderes Mal in der Kein-Problem-Haltung bewegt und dann wieder aus der Unternehmer-Position heraus agiert. Nutzen Sie die folgende Übersicht für eine selbstkritische Standortbestimmung:

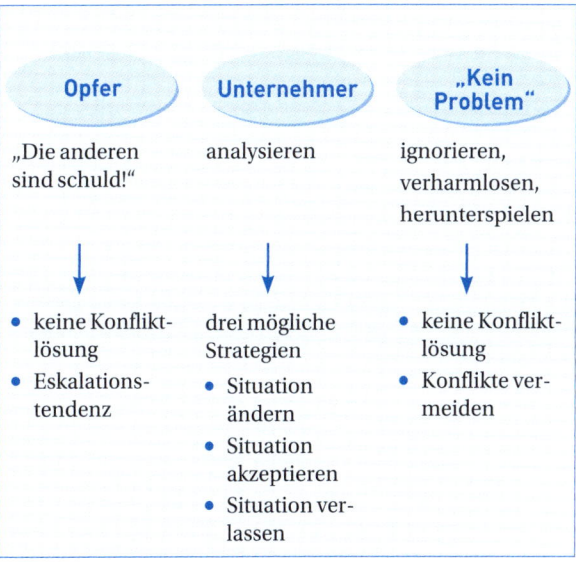

Welche Lebenseinstellung beeinflusst Ihr Konfliktverhalten?

Selbstwertgefühl

Jeder Mensch hat eine mehr oder weniger bestimmte, manchmal auch eher vage Vorstellung über sich selbst als Person. Diese Vorstellung umfasst unser Verständnis davon, über welche Stärken wir verfügen, aber auch, welche Schwächen wir an uns sehen.

Dieses Selbstwertgefühl kann nun so aussehen, dass Sie sich über Ihre Stärken und Schwächen im Klaren und mit dem derzeitigen Status auch „im Reinen" sind. Sie akzeptieren sich so, wie Sie sind, und sind gleichzeitig bereit, sich weiterzuentwickeln. Unter Weiterentwicklung verstehen Sie, dass Sie in erster Linie ihre Stärken weiter ausbauen können und dass Sie an Ihren Schwächen arbeiten.

Das Selbstwertgefühl kann aber tendenziell auch negativ geprägt sein. Dann sind die Menschen sich ihrer selbst sehr unsicher: Sie zweifeln an sich und sehen in erster Linie ihre Schwächen und Fehler. Sie haben verlernt, ihre Stärken wahrzunehmen, und konzentrieren sich sehr stark und einseitig auf ihre vermeintlichen Defizite. Eine solche Situation entsteht unter anderem, wenn jemand aus seinem Umfeld über längere Zeit hinweg eher oder überwiegend negative Rückmeldungen erhält. Wer beispielsweise sowohl von seinem Vorgesetzten als auch aus dem Kollegenkreis immer wieder nur kritische Kommentare über seine Leistung oder sogar über seine Person erhält, kann im Lauf der Zeit tendenziell ein negatives Selbstwertgefühl entwickeln. In Konfliktsituationen hat das natürlich ungünstige Auswirkungen:

> Wer mit einer tendenziell negativen Vorstellung über sich selbst in Konfliktsituationen gerät, wird eher davon überzeugt sein, dass er die Bewältigung des Konflikts nicht schaffen wird.

Ein negativ ausgeprägtes Selbstwertgefühl führt auch dazu, dass man selbst positiv gemeinte Rückmeldungen anderer für sich negativ interpretiert.

Die spannende Frage ist natürlich, ob das Selbstwertgefühl einfach eine Folge der Rückmeldungen ist, die wir von anderen bekommen, oder ob wir selbst auch auf die Qualität unseres Selbstwertgefühls aktiv Einfluss nehmen können. Wenn Sie den Vergleich mit den im letzten Kapitel thematisierten Lebenseinstellungen ziehen, ist das Selbstwertgefühl letztlich auch wieder eine Folge der persönlichen Lebenseinstellung: Das Opfer wird natürlich tendenziell eher ein negatives Selbstbild entwickeln – der Kein-Problem-Blender macht sich wenig Gedanken über seinen Anteil und sieht sich eher unkritisch ohne Notwendigkeit von Veränderungen.

Wichtig wird auch hier die Unternehmer-Haltung: sich selbst reflektieren können, dabei eine tendenziell wohlwollende, aber nicht unkritische Haltung einnehmen und immer wieder einmal Gelegenheiten suchen, durch Rückmeldungen von anderen die eigene Wahrnehmung auf den Prüfstand zu stellen. Dabei aber auch die Souveränität bewahren, selbst zu entscheiden, inwieweit Rückmeldungen anderer Anlass für Selbstkritik und entsprechende Veränderungsstrategien sind. Feedback annehmen, aber sich auch bewusst machen, dass man es nicht allen anderen Menschen recht machen kann und will, ist eine gute Grundlage für ein positives Selbstwertgefühl und eine aktive Entwicklung der eigenen Persönlichkeit.

Werte und Normen

Die Werte und Normen, die wir verinnerlicht haben, sind recht klare Vorstellungen davon, was wir im Leben für richtig und was für falsch halten. Einen wesentlichen Teil unserer Wertvorstellungen bekommen wir bereits in der Kindheit über die Erziehung vermittelt. Werte und Normen sind enorm wichtig, weil sie uns Orientierung bieten und in Konfliktsituationen eine klare Positionierung ermöglichen, ohne dass wir über solche grundlegenden Vorstellungen lange nachdenken müssten. Wenn jemandem beispielsweise Fairness im Umgang miteinander ein wichtiger Wert ist, dann wird er unbewusst entsprechend gegensteuern, wenn ein anderer sich aus seiner Sicht unfair verhält. Ein langes Nachdenken ist in diesem Fall nicht notwendig – der Wert Fairness ist so fest verankert, dass die inneren Sensoren sofort anspringen, wenn dieser Wert in Gefahr gerät: So läuft eine Reaktion auf Verstöße gegen diesen Wert fast automatisch ab.

Werte verleihen uns also nicht nur Urteilsfähigkeit, sondern auch Verhaltenssicherheit.

> Situationen, in denen Werte infrage gestellt werden oder miteinander unvereinbare Werte ins Spiel kommen, sind daher besonders konfliktanfällig.

In solchen Situationen entsteht eine Gratwanderung: Halten wir an individuellen Wertevorstellungen fest, die wir konsequent gegen andere Wertevorstellungen durchsetzen, verhärten sich Konflikte. Gehen wir dagegen auf die Wertvorstellungen anderer ein, entschärft sich zwar der Konflikt, wir geben aber damit etwas auf, was uns persönlich sehr wichtig ist.

Je maßgebender der jeweilige Wert ist, umso schwerer wird es, abweichende, konkurrierende oder gar gegensätzliche Werte anderer zu verstehen und in letzter Konsequenz zu akzeptieren. So können Konflikte in eine Pattsituation münden – jeder kämpft für seine Werte und versteht die Argumentation des anderen nicht mehr. Konsens ist so kaum noch erreichbar.

Das System der Wertepolaritäten als Basis für mehr Verständnis

Einen gut verständlichen Zugang zum tieferen Verständnis von Konfliktsituation bietet nach meinen Erfahrungen das System der Wertepolaritäten. Wenn Sie sich näher mit dem Thema Werte befassen, wird Ihnen schnell einleuchten, dass Werte sich gewissermaßen immer wie die „zwei Seiten einer Medaille" polar gegenüberstehen. Es gibt immer zwei Werteorientierungen, die Gegensätze darstellen.

Ein einfaches Beispiel hierfür ist der Umgang mit Geld: Manche gehen mit dem Geld sparsam um – andere sind eher groß-

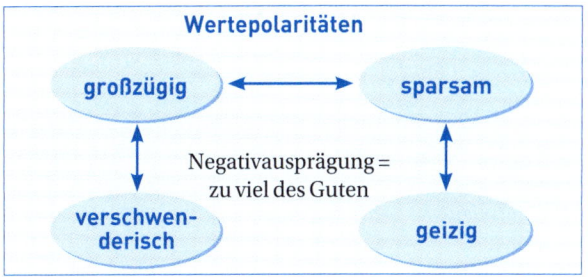

Werte stehen sich immer polar gegenüber

zügig. Jeder hält seine eigene Art für die richtige. Der Sparsame gibt im Restaurant nur ein kleines Trinkgeld, der Großzügige rundet auf den nächsten Fünfer- oder Zehnerbetrag auf.

Wir neigen dazu, das Verhalten, das wir als Gegensatz zu unseren eigenen Wertevorstellungen erleben, negativ zu bewerten. Der Sparsame wird den Großzügigen in einer solchen Situation vielleicht insgeheim als Verschwender einstufen – der Großzügige hält den Sparsamen für übertrieben geizig. Selten wird jemand beide Werte gleichermaßen integriert haben und praktizieren – meist überwiegt die eine oder die andere Tendenz – mehr oder weniger stark ausgeprägt.

Je stärker ausgeprägt eine solche Tendenz ist, umso stärker wirken auch zwei Mechanismen:

- Wir tun uns schwer, denjenigen positiv zu sehen, der die aus unserer persönlichen Sichtweise andere Seite der Medaille verinnerlicht hat und lebt; wir sehen das als eher negativ an und empfinden den Wertekonflikt als störend und unauflösbar.

- Eine starke Polarisierung bei uns selbst kann schnell in eine negative Ausprägung des „Zuviel des Guten" umschlagen und damit zur Schwäche oder zum Defizit werden. Wenn der Sparsame diesen Wert über das normale Maß hinaus für wichtig hält, dann wird er wirklich zum Geizkragen oder der Großzügige zum Verschwender.

Schätzen Sie sich selbst ein!

Welche Verhaltenstendenzen resultieren aus Ihrem individuellen Wertesystem?

Folgende Eigenschaften mit den entsprechenden Verhaltensausprägungen spielen besonders in Konfliktsituationen im beruflichen Umfeld eine maßgebende Rolle. Welche Polaritäten herrschen bei Ihnen vor? Wo neigen Sie zu Extremen und wo sind Sie eher ausgeglichen?

Wenn Sie sich Klarheit über Ihre persönliche Positionierung verschaffen, lernen Sie sich selbst wesentlich besser kennen und Sie verstehen, warum manche Situationen für Sie einen Konflikt darstellen können und manche nicht.

Gleichzeitig werden Sie auch wesentlich besser in der Lage sein, andere Menschen einzuschätzen und mit ihnen und ihren anderen Werten und Verhaltensmustern konstruktiver umzugehen.

	extrem	deutlich	tendenz
Selbsteinschätzung	selbstsicher/ich-stark		
	3 ❏	2 ❏	1 ❏
Auftreten	zurückhaltend/bescheiden		
	3 ❏	2 ❏	1 ❏
Auffassungsgabe	abwägend/bedächtig		
	3 ❏	2 ❏	1 ❏
Beweglichkeit	flexibel/risikofreudig		
	3 ❏	2 ❏	1 ❏
Kreativität	ideenreich		
	3 ❏	2 ❏	1 ❏

Markieren Sie durch ein Kreuz Ihre jeweilige Verhaltensausprägung von 1 bis 3 in Bezug auf eine Eigenschaft.

Erreichen Sie insgesamt einen hohen Punktwert (maximal 54 Punkte), sind Ihre Wertprioritäten sehr ausgeprägt und es besteht die Wahrscheinlichkeit, dass Sie öfter in Konflikte geraten. Haben Sie dagegen eine niedrige Punktzahl (minimal 0 Punkte), werden Sie wahrscheinlich eher selten Konflikte austragen.

Bedenken Sie hierbei aber auch, dass es im Sinne einer ausgeprägten Persönlichkeit wichtiger ist, sich selbst und seinen Werten und Überzeugungen treu zu bleiben, als um jeden Preis Konflikte zu vermeiden.

ausgewogen	tendenziell	deutlich	extrem
selbstkritisch/einsichtig			
0 ❏	1 ❏	2 ❏	3 ❏
sicher/überlegend			
0 ❏	1 ❏	2 ❏	3 ❏
geistig beweglich			
0 ❏	1 ❏	2 ❏	3 ❏
geradlinig/stetig			
0 ❏	1 ❏	2 ❏	3 ❏
konventionell			
0 ❏	1 ❏	2 ❏	3 ❏

	extrem	deutlich	tendenz
Arbeitsweise	pragmatisch/variabel		
	3 ❏	2 ❏	1 ❏
Verantwortungsbewusstsein	verantwortungsbewusst/gewissenhaft		
	3 ❏	2 ❏	1 ❏
Argumentation	begeisternd/eloquent		
	3 ❏	2 ❏	1 ❏
Kommunikationsverhalten	zuhörend/reflektierend		
	3 ❏	2 ❏	1 ❏
Kommunikation mit anderen	partnerorientiert/aktivierend		
	3 ❏	2 ❏	1 ❏
Zielstrebigkeit	zielorientiert/konsequent		
	3 ❏	2 ❏	1 ❏
Durchsetzungsvermögen	überzeugend/fordernd		
	3 ❏	2 ❏	1 ❏
Entscheidungsverhalten	schnell/sicher		
	3 ❏	2 ❏	1 ❏
Haltung in Bezug auf andere	beziehungsorientiert/menschlich		
	3 ❏	2 ❏	1 ❏
Teamverhalten	hilfsbereit/teamorientiert		
	3 ❏	2 ❏	1 ❏
Kompromissbereitschaft	rücksichtsvoll		
	3 ❏	2 ❏	1 ❏
Verhalten in Konfliktsituationen	kritikfreudig/offensiv		
	3 ❏	2 ❏	1 ❏
Konfliktverarbeitung	belastbar/robust		
	3 ❏	2 ❏	1 ❏

ausgewogen	tendenziell	deutlich	extrem
		systematisch/planvoll	
0 ❏	1 ❏	2 ❏	3 ❏
		unbeschwert/sorglos	
0 ❏	1 ❏	2 ❏	3 ❏
		sachlich/klar	
0 ❏	1 ❏	2 ❏	3 ❏
		redefreudig/spontan	
0 ❏	1 ❏	2 ❏	3 ❏
		sachorientiert/abstrakt	
0 ❏	1 ❏	2 ❏	3 ❏
		situationsorientiert/flexibel	
0 ❏	1 ❏	2 ❏	3 ❏
		konsensorientiert/nachgiebig	
0 ❏	1 ❏	2 ❏	3 ❏
		abwägend/überlegend	
0 ❏	1 ❏	2 ❏	3 ❏
		verstandesorientiert/beherrscht	
0 ❏	1 ❏	2 ❏	3 ❏
		eigenständig/souverän	
0 ❏	1 ❏	2 ❏	3 ❏
		willensstark	
0 ❏	1 ❏	2 ❏	3 ❏
		harmonisch/ausgleichend	
0 ❏	1 ❏	2 ❏	3 ❏
		empfindsam/sensibel	
0 ❏	1 ❏	2 ❏	3 ❏

Aus dem Polaritätsprinzip persönliche Entwicklungsziele ableiten

Wenn Sie das System zu einer persönlichen Standortbestimmung genutzt haben, kann ein nächster wichtiger Schritt die selbstkritische Reflexion mit der Fragestellung sein, ob Sie mit Ihrer momentanen Standortbestimmung wirklich zufrieden sind. Wenn nicht, sollten Sie nun markieren, wohin Sie sich entwickeln wollen – angenommen Sie erleben sich in Konfliktsituationen als deutlich konfliktfreudig und merken, dass Sie damit immer wieder heftig anecken, dann könnte Ihre persönliche Entwicklung dahin gehen, dass Sie sich ein wenig in die andere Richtung – harmonieorientiert – entwickeln wollen. So werden auch „weiche" Ziele, nämlich verhaltensbezogene Ziele, messbar und überprüfbar.

Warum wir manchmal unnötigerweise „den Affen springen" lassen

In Konfliktsituationen steht oft auch irgendwann die Frage im Raum, wer denn nun etwas tun wird, um den Konflikt aufzulösen. Diese Frage kann konkret gestellt sein, sie kann aber auch quasi als impliziter Appell „im Raum stehen".

Wenn beispielsweise der Vorgesetzte beim Herausgehen aus dem Büro seiner Mitarbeiter die Bemerkung fallen lässt *Hier müssten wieder mal die Schreibtische aufgeräumt werden*, kann dies gerechtfertigt sein, weil die Schreibtische wirklich unordentlich und unübersichtlich sind und möglicherweise auch öfter wichtige Besucher in das Büro kommen. Die Mitarbeiter werden also diesen Appell aufnehmen und bei nächster Gelegenheit ihre Schreibtische aufräumen.

Wenn die Schreibtische allerdings in Ordnung sind, ist der Vorgesetzte vielleicht ein ausgeprägter Ordnungsfanatiker oder an diesem Tag einfach nur schlecht gelaunt und eine Aktivität der Mitarbeiter ist eigentlich überflüssig. Genau genommen hat dann lediglich der Vorgesetzte selbst ein Problem oder einen Konflikt.

Vorsicht vor fremden Affen!

Belasten Sie sich nicht mit den Konflikten anderer!

Den Effekt, das Problem eines anderen anzunehmen, nennen wir im Konfliktgeschehen auch „den Affen springen lassen". Mit dem Begriff „Affe" wird ein Konflikt beschrieben, den ein anderer hat. Wenn ihm jemand diesen Konflikt abnimmt, dann hat er den Affen auf der Schulter. Wer das häufiger macht, hat viele Affen zu schleppen und belastet sich damit entsprechend.

Bei einem Kollegen türmen sich immer höhere Berge auf dem Schreibtisch, obwohl die Arbeitsaufteilung unter den Kollegen recht ausgewogen ist. Der Kollege hat lange Unterredungen mit dem Chef, ist oft noch da, wenn die anderen schon Feierabend machen, wirkt gehetzt und gestresst und ist manchmal nicht ansprechbar. Allerdings offenbart er sich auch niemandem und bittet auch nicht um Unterstützung.
Wenn nun ein Kollege von sich auf ihn zugeht und ihn fragt, ob er ihm die eine oder andere Arbeit abnehmen sollte, dann macht sich der Affe auf der Schulter des überlasteten Kollegen schon zum Sprung bereit. Wenn aus der Frage dann das Ange-

bot oder die Aufforderung wird: „Na gib mir mal die Monatssta-
tistik rüber – ich mache das für dich!", spannt der Affe seine
Muskeln an und wenn der hilfsbereite Kollege dann die Statistik
an sich genommen hat, ist der Affe gesprungen.

Nun können Sie sagen, das war doch ganz normal und kollegi-
al. Das sagen natürlich auch sehr schnell diejenigen, die von
einer ausgeprägten Hilfsbereitschaft geprägt sind. Gerade un-
reflektierte Hilfsbereitschaft kann nämlich dazu führen, dass
andere schnell lernen, dass ihnen schon jemand helfen wird,
wenn ein Problem auftritt.

Bedenken Sie bitte auch, dass es ungünstige Folgen nach sich
ziehen kann, wenn Sie spontan helfen wollen und das Problem eines anderen übernehmen, ohne ausreichend informiert zu sein oder mit ihm zusammen zuerst möglichen Kon-
fliktursachen auf den Grund zu gehen.

*   Sie laden sich damit ein sachliches und vielleicht auch
    emotionales Problem auf, das Sie eigentlich gar nichts an-
    geht und das sie auch gar nicht haben wollen.
*   Es können konflikträchtige Abhängigkeiten entstehen.
*   Auf einen bestimmten Personenkreis begrenzte Konflikte
    können sich ausweiten, wenn sich Dritte unreflektiert ein-
    mischen oder Stellung beziehen.
*   Letztendlich nehmen Sie dem anderen die Notwendigkeit
    und auch die Möglichkeit, seinen Konflikt selbst zu lösen.

Wenn wir beim obigen Beispiel bleiben, wäre die folgende
Vorgehensweise besser:
„Ich kann gut verstehen, wenn du die Lösung darin siehst, dass
ich dir jetzt einfach Arbeit abnehme. Andererseits bin ich der
Meinung, dass wir erst einmal klären sollten, wo das Problem
wirklich liegt. Hast du einen Konflikt mit dem Chef oder wo liegt
die Ursache für deinen Stress? Vielleicht finden wir ja Mittel und
Wege, mit denen du deinen Konflikt selbst lösen kannst."

Auf den Punkt gebracht

Zum Streiten gehören immer zwei

- Seien Sie konstruktiv und machen Sie aus Konfliktgegnern Konfliktpartner.
- Versuchen Sie bewusst und reflektiert zu agieren. Verhaltensautomatismen, die unreflektiert ablaufen, können das Konfliktgeschehen eskalieren lassen.
- Die Tendenz zur Schuldzuweisung verstellt den Blick auf Lösungsmöglichkeiten.
- Die Art und Weise, in der wir in bestimmten Rollen agieren, kann einerseits dazu beitragen, Konflikte zu vermeiden, kann aber andererseits auch Konflikte heraufbeschwören und verschärfen. Eine gewisse Rollendistanz ist daher hifreich.
- Gehen Sie unvoreingenommen an Konflikte heran und lassen Sie sich nicht von Negativerfahrungen leiten, die Sie einmal gemacht haben.
- Springen Sie nicht auf Ihre roten Knöpfe an.
- Die Disposition des Erwachsenen-Ichs ist das für das Bewältigen von Konflikten günstigste Verhaltensmuster. Agieren Sie daher möglichst aus der Position des Erwachsenen-Ichs heraus und versuchen Sie, Über-Kreuz-Transaktionen zwischen Eltern-Ich und Kind-Ich zu vermeiden.
- Erziehung und Prägung spielen zwar eine große Rolle im Umgang mit Konflikten; trotzdem kann jeder Mensch bewusst über sein Verhalten entscheiden – niemand ist ein Opfer seiner Persönlichkeitsstruktur.
- Extrem ausgeprägte Werte können konfliktträchtig sein. Klären Sie daher für sich, welche Verhaltenstendenzen aus Ihrem individuellen Wertesystem resultieren und entscheiden Sie sich bewusst für Ihnen wichtige Werte.
- Übernehmen Sie nicht unreflektiert die Konflikte anderer.

4 Konflikte erkennen

Umfeld und eigenes Erleben bewusst wahrnehmen

Wenn Sie Konflikte frühzeitig erkennen wollen, ist die Fähigkeit zur Selbstreflexion wichtig: sich quasi einmal neben sich stellen zu können und zu betrachten, welche Reaktionen man realisiert.

Es gibt klare Hinweise auf beginnende Konfliktsituationen – man muss allerdings Sensibilität für diese Anzeichen entwickeln. Eines der Anzeichen ist eine Veränderung der eigenen Wahrnehmung – während man beispielsweise seinen Vorgesetzten bisher ganz in Ordnung fand, fällt einem plötzlich penetrant auf, dass er die meisten Antworten mit „Ja gut, aber …" beginnt. Dieses Verhalten erlebt man als eine Störung; man ist irritiert und unterbricht seine Tätigkeit, um darüber nachzudenken. Gleichzeitig entwickelt sich der dringende Wunsch, etwas zu verändern.

Warnzeichen

Die folgende Aufstellung bietet Ihnen die wichtigsten Anhaltspunkte, mit denen Sie das Verhalten anderer auf sich abzeichnende Konfliktpotenziale analysieren können. Natürlich handelt es sich nicht um absolut eindeutige Symptome – sehen Sie die Aufstellung eher als Hinweis auf Verhaltensweisen, die auf Konfliktpotenziale hindeuten können.

Nehmen Sie solche Signale sensibel auf und versuchen Sie diese in geeigneter Form anzusprechen. Sie finden zu jedem Symptom entsprechende Vorschläge, was Sie in einer solchen Situation tun könnten, um, statt von Vermutungen auszugehen, Ihr Verhalten stärker an Tatsachen auszurichten.

Natürlich bietet es sich im Sinne der Klärung des eigenen Anteils am Konflikt auch an, sich selbst auf solche Symptome hin zu beobachten. Immer wenn Ihnen am eigenen oder am Verhalten anderer etwas Derartiges auffällt, haben Sie einen Punkt entdeckt, an dem Sie unnötige Konfliktpotenziale vermeiden können.

Ein kleiner Warnhinweis bzw. eine Anmerkung vorab: Die folgenden Beschreibungen sind teilweise bewusst überzogen beschrieben und drastisch formuliert, um den dahinter stehenden Trend klarer herauszuarbeiten. Die geschilderten Verhaltensweisen werden in der Realität oft wesentlich dezenter auftreten, aber trotzdem erkennbar sein.

Sprachliche Hinweise auf Konfliktpotenziale

Grundsätzliche Ablehnung, nachhaltiger Widerstand, Trotz

Ihr Gesprächspartner beharrt auf seiner Meinung, auch wenn es offensichtlich um nichts Besonderes geht. Er stellt in eher trotziger Art Forderungen und lässt sich auch durch sachliche Argumente nicht von seiner Meinung abbringen, sondern wird eher noch massiver in seinen Vorstellungen. Ihrer Meinung begegnet er mit ständigem Widerspruch. Auf Ihre Vorschläge kommt entweder ein klares Nein als Antwort, oder Ihr Gesprächspartner argumentiert genau das Gegenteil. Mürrische und bockige Bemerkungen prägen zunehmend das Gespräch.

Optionen als Ausweg
Grundsätzlich gilt für alle schwierigen Gesprächssituationen der Hinweis, dass Sie darauf achten sollten, aufmerksam, aber zugleich locker zu bleiben. Wer sich über solche Verhaltensweisen zu ärgern beginnt oder sich provozieren lässt, gerät in Zugzwang und schnell in ein ungünstiges Fahrwasser.

- Grundsätzlichen Widerspruch hinterfragen: *Was spricht gegen den Vorschlag?* oder *Wie müsste der Vorschlag aussehen, damit Sie ihn akzeptieren können?*
- Um einen Alternativvorschlag bitten: *Was würden Sie an meiner Stelle tun?*

- Das Verhalten des Gegenübers „spiegeln": *Ich habe den Eindruck, dass meine Vorschläge grundsätzlich nicht Ihren Vorstellungen entsprechen – können Sie mir sagen, ob ich mich da täusche?*
- Wenn nichts mehr hilft, das Gespräch abbrechen: *Ich habe den Eindruck, heute kommen wir in der Angelegenheit nicht so richtig vorwärts – ich würde gerne meine Meinung überdenken und Sie bitten, das Gleiche zu tun. Dann können wir uns in einer Woche nochmals zusammensetzen.*

Aggression

Ihr Gesprächspartner wird massiv, er äußert seine Meinung sehr markant und provozierend und lässt andere Beteiligte auflaufen. Seine Kommentare sind von Schärfe und Zynismus geprägt. Er spricht negativ über andere, auch über Anwesende, wobei seine Kritik allgemeiner Natur bleibt und sich nicht auf konkrete nachvollziehbare Sachverhalte bezieht. Kritische Themen forciert er noch zusätzlich durch Sticheleien. Kurz, er trägt einiges dazu bei, die Stimmung aufzuheizen.

Optionen als Ausweg:
Wenn Sie solche Wahrnehmungen machen, können Sie davon ausgehen, dass irgendein Konfliktpotenzial im Hintergrund das Verhalten Ihres Gesprächspartners prägt, ohne dass ihm das vielleicht selbst bewusst ist.
- Hinterfragen: *Was ist der Hintergrund Ihres Unmuts?* oder *Worauf wollen Sie letztlich hinaus?*
- Zum Schein auf Sticheleien eingehen: *Was schlagen Sie denn konkret vor?* oder *Welcher Vorschlag steckt in Ihrer Bemerkung?*
- Auf die massiven Interventionen könnten Sie in einer Kombination einerseits Ihre Wahrnehmung spiegeln und andererseits versuchen, die Kommunikation günstiger zu beeinflussen: *Nachdem Sie Ihre Meinung so vehement äußern, liegt Ihnen das Thema offensichtlich sehr am Herzen. Was sollte denn Ihrer Meinung nun passieren?*

Fixierung

Ihr Gesprächspartner zeigt eine ausgeprägt uneinsichtige Haltung. Er bleibt beharrlich an einem Thema und hält seine Meinung hartnäckig aufrecht, auch wenn alle Fakten dagegen sprechen und die allgemeine Meinung in die andere Richtung geht. Er agiert mit Behauptungen statt mit Begründungen und beharrt darauf, dass er Recht habe.

Optionen als Ausweg:

- Das Verhalten klar ansprechen, ohne den Gesprächspartner anzugreifen oder unnötig auf Kontra zu gehen: *Es scheint, dass wir uns keinen Millimeter vorwärtsbewegen. Ihre Meinung ist sehr klar und unveränderbar – ich frage mich, woran es liegt, dass ich Ihnen meine Argumente nicht deutlich machen kann.*
- Den Gesprächspartner dazu bewegen, seine Meinung zu begründen: *Mir fehlt noch immer eine nachvollziehbare Begründung zu Ihrer Haltung* (weich) oder *Solange Sie mir Ihre Ansicht nicht begründen, kann ich auf Ihre Meinung leider keine Rücksicht nehmen* (hart).

Ausweichen, Verleugnen

Ihr Gesprächspartner weicht bei konkret geäußerten Sachverhalten aus, verliert sich in vagen Aussagen oder versucht, unauffällig das Thema zu wechseln oder im Gespräch das eigentliche Konfliktfeld nicht anzusprechen und eine Diskussion darüber zu vermeiden. Wenn Ausweichen nicht möglich ist, agiert er mit Ausreden, deren Wahrheitsgehalt kaum nachprüfbar ist oder die so weit vom Thema wegführen, dass Sie Gefahr laufen, den roten Faden des Gesprächs zu verlieren.

Optionen als Ausweg:
Zunächst mal ist es sinnvoll, sich durch das Ausweichen nicht irritieren zu lassen oder gar sich provoziert zu fühlen.

- Gelassen und beharrlich nachfragen, als ob Sie die Ausweichversuche nicht registriert hätten: *Mir fehlt noch eine klare Antwort auf meine letzte Frage* oder *Ich bin mir nicht sicher, ob ich etwas überhört habe, glaube aber, eine Antwort auf meine Frage noch nicht erhalten zu haben.*

- Direktes Feedback kann Transparenz schaffen und dem Gesprächspartner vermitteln, dass Sie sein Spiel wahrnehmen und nicht mitspielen wollen. *Auf meine letzten Fragen habe ich keine klare Antwort gehört – mir ist es wichtig, dass wir beim Thema bleiben und dass ich von Ihnen klare Antworten erhalte.*
- Übertreibung oder Provokation in härteren Fällen und Situationen: *Ich habe bisher keine einzige klare Aussage von Ihnen erhalten – bei allem Verständnis für den Versuch, dem Thema auszuweichen –, ich möchte jetzt gerne über Fakten mit Ihnen reden können.*

Selbstbeschuldigung

Schon zu Beginn eines Gesprächs mit einem kritischen oder konflikthaltigen Thema wirkt Ihr Gesprächspartner verkrampft, nervös und unsicher. Sie sprechen das Konfliktthema an und Ihr Gesprächspartner reagiert nicht angemessen und sachlich darauf, sondern verfällt stattdessen in eine manchmal sogar deutlich überzogene Selbstkritik. Er nimmt demonstrativ die Schuld auf sich und lässt deutlich Zweifel erkennen, ob er eine Verbesserung versprechen kann, und betont lieber seine eigene Unfähigkeit nach dem Motto *Ich weiß, dass ich das nie schaffen werde.* Ein Hintergrund dieses Verhaltens kann sein, sich präventiv vor Kritik zu schützen – quasi durch diese Unterwerfungsgeste den kritisierenden Gesprächspartner milde zu stimmen. Natürlich können auch wirkliche Unsicherheit und fehlendes Selbstvertrauen Ursache sein.

Optionen als Ausweg:
Wir gehen von der Annahme aus, dass der Konfliktpartner sein Licht nicht wider besseres Wissen unter den Scheffel stellt, um sich aus seiner Verantwortlichkeit herauszuwinden, sondern dass er tatsächlich misserfolgsorientiert ist und wirklich an

sich zweifelt. Hier kann es sinnvoll und hilfreich sein, den Konfliktpartner zunächst zu ermutigen und ihn unaufdringlich auf sein eigenes Verhalten hinzuweisen bzw. ihm dazu konstruktives Feedback zu geben. *Ich höre aus Ihrer Antwort sehr klare Selbstkritik und auch Zweifel heraus – ich denke, dass Sie da zu streng mit sich selbst sind. Lassen Sie uns gemeinsam mit gesundem Optimismus eine Vereinbarung für die Zukunft treffen, die solche Gespräche künftig überflüssig macht.*

Verschiebung und Projektion

Ein Konfliktpartner neigt bei Gesprächen über Fehler schon in der Analyse einer Situation dazu, die eigene Beteiligung an dem Fehler zu leugnen und stattdessen die Ursache bei anderen zu sehen. Dieses Verhalten basiert dabei durchaus auch auf der Überzeugung, dass andere wirklich „schuld" sind. Diese Tendenz findet sich auch im Verhaltensmuster des Opfers wieder. Beobachten lässt sich auch, dass sich jemand über Kleinigkeiten ereifert, statt sich auf wichtige Verbesserungsmöglichkeiten zu konzentrieren, oder Gerüchte streut, die andere belasten und ihn selbst in ein besseres Licht stellen.

Optionen als Ausweg:
Sie sollten versuchen, hier situativ schnell zu agieren. Wenn Ihr Gesprächspartner beispielsweise in einem Gespräch über einen aufgetretenen Fehler beginnt, den Fehler anderen in die Schuhe zu schieben, haben Sie verschiedene Ansatzmöglichkeiten.

- Auf der reinen Sachebene können Sie – vorausgesetzt Sie haben klare Informationen, dass der Fehler wirklich vom Gesprächspartner verursacht wurde – den Nachweis bringen, dass die Verantwortung beim Gesprächspartner gelegen hat. Allerdings wissen Sie ja, dass das Akzeptieren eines Sachverhalts noch keine emotionale Zustimmung beinhalten muss.
- Dem Gesprächspartner vorschlagen, denjenigen zum Gespräch hinzuzuziehen, bei dem er die Fehlerursache sieht:

*Warum beziehen wir nicht Herrn X in die Fehleranalyse ein,
damit er Ihre Sicht der Dinge bestätigen kann und wir nicht
auf Vermutungen angewiesen sind?*

- Direktes Feedback geben: *Ich frage mich, warum Sie so fest
überzeugt davon sind, dass die Ursache nur bei anderen
und nicht bei Ihnen selbst liegen kann. Worum geht es Ihnen denn in dieser Thematik wirklich?*

Resignation

Sie haben es mit einem Gesprächspartner bzw. Konfliktpartner
zu tun, der, statt über Lösungen und Möglichkeiten nachzudenken, eher Desinteresse demonstriert. Damit einher geht
eine deutlich resignierende Haltung. Allen Versuchen einer
konstruktiven Lösung gegenüber zeigt er eine tief gehende
Skepsis, die allerdings nicht begründet wird. Ihr Gegenüber
verschanzt sich vielmehr hinter allgemeinen Negativaussagen
wie *Es hat ja doch keinen Sinn*. Für sich selbst sieht er keine
Notwendigkeit, eine aktivere Rolle zu übernehmen – stattdessen behauptet er, dass ihm ohnehin alles egal und gleichgültig
sei.

Hier ist es nicht leicht, einen Ausweg zu finden, denn diese
Haltung kann durchaus ansteckend sein. Andere wiederum
lassen sich davon unnötig provozieren und versuchen mit
Druck die Situation aufzulösen – was natürlich auch nicht der
Erfolgsweg ist.

Optionen als Ausweg:

Eine Resignationstendenz gilt es zunächst ernst zu nehmen,
ohne sich allerdings davon entmutigen oder im Gegenteil provozieren zu lassen. Hintergrund ist oft eine Summe von negativen Erfahrungen, die der Betreffende in der Vergangenheit
gesammelt hat. Wenn viele Enttäuschungen zusammengekommen sind, dann kann es leicht geschehen, dass man zu
der Überzeugung gelangt, dass wirklich alles zwecklos sei.
Diese Haltung zu akzeptieren, ohne ihre Berechtigung zu bestätigen, kann den Einstieg in eine Lösungsdiskussion darstel

len. Fragen Sie interessiert nach, welche negativen Erfahrungen Ihr Gesprächspartner gesammelt hat, und bringen Sie zum Ausdruck, dass Sie verstehen können, dass solche Erfahrungen eine skeptische Grundhaltung verursachen können. Fragen Sie, ob Ihr Gesprächspartner nicht doch eine Idee für eine Lösung hat, und ermutigen Sie ihn, diese zu äußern. Bringen Sie Zuversicht und Zutrauen in seine Mitwirkung zum Ausdruck. Fragen Sie, was aus Sicht des anderen ein anzustrebendes Ziel sein könnte, und versuchen Sie, Identifikation mit dem Ziel zu erreichen.

Überanpassung

Manchmal haben wir es mit Gesprächspartnern zu tun, die es einem vordergründig leicht machen, ein Gespräch zu einem Ergebnis zu bringen. Sie entwickeln selbst keine eigenen Ideen und Vorschläge und erklären sich schnell und reibungslos mit unseren Lösungsansätzen einverstanden. Kritik ist praktisch nicht wahrnehmbar – auch auf die Bitte zu einer kritischen Würdigung von Sachverhalten oder unserer Meinung vermeiden sie eine klare Stellungnahme und betonen stattdessen, dass sie einverstanden seien und auch keine besseren oder anderen Ideen hätten. Auch hier ist Achtsamkeit und Vorsicht geboten: Eine zu reibungslos erreichte Zustimmung kann auch ein Pseudo-Einverständnis darstellen. Die Realität wird dann zur Nagelprobe: Werden die Absprachen auch wirklich umgesetzt oder zeigt sich erst im Nachhinein, dass keine echte Vereinbarung zustande gekommen ist?

Optionen als Ausweg:
Die Strategie muss hier sein, zu klaren und tragfähigen Vereinbarungen zu gelangen und nicht in eine Falle der Unverbindlichkeit zu geraten. Sie können dem Gesprächspartner Ihre Wahrnehmungen im Sinne eines Feedbacks schildern und den Wunsch äußern, dass er seine Meinung klarer und differenziert zum Ausdruck bringt. Machen Sie deutlich, dass Ihnen wirkliches Einverständnis wichtig ist und dass Sie lieber

deutlichen Widerspruch akzeptieren als scheinbare Zustimmung. Sofern Ihr Gesprächspartner sich nicht eindeutiger festlegt, sollten Sie deutlich machen, dass Sie im Nachhinein ein Aufweichen von Ergebnissen nicht akzeptieren können. Manchmal kann auch die Möglichkeit einer Bedenkzeit für den Gesprächspartner hilfreich sein.

Rationalisierung und Intellektualisierung

Wenn in einem Gespräch der jeweilige Gesprächspartner sich zunehmend auf einer ausschließlich sachlichen Ebene bewegt und emotionsfrei ausschließlich logische Argumente liefert, dann kann sich dahinter oft gefühlsmäßiger Widerstand verbergen. Je sachlicher ein Gespräch gerade in einer Konfliktsituation ist, umso zutreffender kann die Vermutung sein, dass hier in erheblichem Maße Emotionen und Gefühle eine Rolle spielen, aber keiner sich die Blöße geben möchte, emotional zu reagieren.

Optionen als Ausweg:
Hier gilt es, sicherzustellen, dass nicht nur auf einer pseudo-sachlichen Ebene diskutiert wird, sondern dass die Beteiligten auch innerlich – sprich gefühlsmäßig – beteiligt sind. Wichtig ist es daher, ein entspanntes Klima zu schaffen, in dem auch Platz dafür sein kann, über gefühlsmäßige Anteile zu sprechen.

*   Wenn Sie den Eindruck haben, dass Rationalisierung stattfindet, dann können Sie auch von sich aus auf die Gefühlsebene eingehen. Wenn Sie beispielsweise begründet vermuten, dass Ihr Gesprächspartner ärgerlich ist, könnten Sie sagen: *Also ich an Ihrer Stelle würde mich über die Situation ziemlich ärgern – wie geht es Ihnen dabei?* oder allgemein die Frage stellen: *Ich habe den Eindruck, dass trotz aller sachlichen Diskussion das ganze Thema auch emotional belastet ist. Wie empfinden Sie das?*

Diese Optionen sollten Sie aber nur dann einsetzen, wenn Sie den Eindruck haben, dass die Rationalisierung ein Ansprechen oder eine wirkliche Lösung des Konflikts verhindert.

Der Körper lügt nicht – körpersprachliche Hinweise verstehen

Neben dem sprachlichen Verhalten kann auch das nichtsprachliche – das nonverbale – Verhalten wichtige Hinweise geben. Experten im Thema Körpersprache gehen davon aus, dass der Mensch zwar mit Worten die Unwahrheit sagen, jedoch der Körper kaum lügen kann. Insofern bietet die Körpersprache auch wichtige Hinweise in Bezug auf das Aufspüren von Konfliktsymptomen. Allerdings gilt auch hier wieder der Hinweis, dass gerade körpersprachliche Signale kaum eindeutig interpretierbar sind. Es müssen immer auch der jeweilige Kontext und die dazugehörigen verbalen Äußerungen berücksichtigt werden.

Unsere Wahrnehmung der Körpersprache findet eher unbewusst und unreflektiert statt, als dass wir bewusst entsprechende Signale wahrnehmen und darauf eingehen könnten. Eine kleine Übung in Seminaren führt Teilnehmern diesen Effekt recht deutlich vor Augen: Der Trainer bittet die Teilnehmer, ihm zu einem bestimmten Sachverhalt geschlossene Fragen zu stellen, also solche, die nur mit Ja oder Nein beantwortet werden können, und fordert sie auf, herauszufinden, nach welchen Kriterien er Ja oder Nein sagt. Der Trainer kombiniert dann jeweils seine Jas mit einer offenen Haltung, während er vor jedem Nein die Arme verschränkt und die Beine übereinander legt. Die Teilnehmer sind in der Regel derart mit der Formulierung ihrer Fragen beschäftigt, dass dieser Zusammenhang erst sehr spät oder gar nicht bemerkt wird.

Die bewusste Wahrnehmung der Körpersprache will also geübt werden. Jedes Gespräch bietet Gelegenheiten dazu in Hülle und Fülle.

Grundtendenzen der Körpersprache – offen oder verschlossen?

Die Körpersprache ist Thema umfangreicher Bücher. Deshalb möchte ich mich hier auf wenige grundlegende Tendenzen und Hinweise beschränken. Dies auch vor dem Hintergrund,

dass letztlich jeder Mensch Körpersprache versteht und interpretiert – aber eben meist unbewusst und unreflektiert.
Achten Sie daher bewusster auf körpersprachliche Signale Ihres jeweiligen Gegenübers. Sie werden eine offene und eine
geschlossene Körpersprache beobachten können.

Wer sich Ihnen offen zuwendet, hat kein Problem mit Ihnen:

- Ihr Gegenüber hält Blickkontakt mit Ihnen,
- wendet sich Ihnen zu,
- hat eine entspannte, offene Haltung,
- wirkt locker und freundlich,
- nickt, wenn Sie sprechen,
- gestikuliert mit offenen Handflächen,
- lässt Sie ausreden.

Solche Signale deuten auf eine positive Grundstimmung ohne gravierende Konfliktpotenziale hin.

Wer körperlich abblockt und mauert, signalisiert ein hohes Konfliktpotenzial:

- Ihr Gegenüber hält wenig oder gar keinen Blickkontakt,
- wendet sich von Ihnen ab,
- verschränkt die Arme,
- schlägt die Beine übereinander,
- hat einen angespannten Muskeltonus,
- gestikuliert mit geschlossenen Händen,
- zeigt ernste oder starre Mimik,
- schüttelt den Kopf, während Sie sprechen.

Dies sind Signale, die Konfliktpotenziale signalisieren
können – aber nicht notwendigerweise auch müssen.

Ich möchte davor warnen, solche Signale als eindeutig zu interpretieren und entsprechend eindeutig zu reagieren. Besser
ist Aufmerksamkeit und der Versuch, die Wahrnehmung un-

aufdringlich anzusprechen: *Ich habe den Eindruck, dass Ihnen dieser Vorschlag nicht schmeckt …* ist hier wesentlich besser als beispielsweise: *Sie wirken so verschlossen …* Je nachdem wie die Antwort ausfällt, können Sie dann wieder sicher das Gespräch weiterführen.

Wenn der Mund etwas anderes sagt, als der Körper ausdrückt

Nehmen Sie an, dass Sie in einem Konfliktgespräch Ihren Gesprächspartner fragen, ob er mit einer bestimmten Lösung einverstanden ist. Ihr Gesprächspartner macht eine Pause, schüttelt andeutungsweise den Kopf und sagt: *Na ja, damit kann ich ganz gut leben.* Möglicherweise fällt Ihnen in einer solchen Situation das Kopfschütteln gar nicht auf, weil Sie – wie viele andere Menschen auch – viel stärker und bewusster auf die Sprache achten und in erster Linie das scheinbare Einverständnis hören.

Wenn Sie so jeweils die Stimmigkeit zwischen der Körpersprache und dem gesprochenen Wort berücksichtigen, wird Ihnen immer wieder einmal auffallen, wenn es einen Widerspruch zwischen diesen beiden Formen der Äußerung gibt – eine Inkongruenz.

„Mit dieser Lösung kann ich gut leben."

Inkongruenz zwischen Sprache und Körpersprache

Was machen Sie nun, wenn Sie eine Inkongruenz wahrnehmen? Direkt ansprechen ist natürlich eine Möglichkeit, beispielsweise: *Ich höre zwar, dass Sie Ja sagen, aber gleichzeitig ist mir Ihr Kopfschütteln aufgefallen. Gibt es noch eine Einschränkung in Ihrer Zustimmung – muss noch irgendetwas geklärt werden?*

Andere wählen lieber die indirekte Form und lassen gewissermaßen einen Versuchsballon starten: *Irgendwie habe ich den Eindruck, dass Sie zwar Ja sagen, aber doch noch nicht so ganz überzeugt sind. Gibt es noch etwas, das geklärt werden muss?*

Oder aber mit nachdenklichem Ton und anschließender Pause: *Schön, dass Sie Ihr Einverständnis erklären. Ich hoffe, es ist wirklich nichts mehr zu klären und Ihr Ja enthält keine Einschränkungen mehr.*

Neutrale Wahrnehmung

Ein Vorgesetzter knurrt einen Mitarbeiter an: *Jedes Mal, wenn ich Ihnen einen Auftrag gebe, gibt es irgendwelche Missverständnisse, die enorm viel Zeit kosten. Ich möchte einmal erleben, dass etwas von Anfang an reibungslos und korrekt läuft!*

Ein Kollege sagt zu einem anderen: *Ich habe dich schon hundertmal gebeten, dass du die Post früher bearbeitest – jetzt bekomme ich wieder wichtige Vorgänge erst vor der Mittagspause. Wie soll ich da jemals meine Termine einhalten können?*

Kennen Sie solche Sätze? Haben Sie vielleicht auch schon einmal in einer derart übertriebenen Art jemand in einer Konfliktsituation attackiert? Dann haben Sie wahrscheinlich auch gemerkt, dass der oder die andere auf Gegenwehr geschaltet hat. Eigentlich klar, denn wer lässt sich schon gerne mit solch überzogenen Formulierungen konfrontieren.

Achten Sie in Konfliktsituationen schon im Vorfeld darauf, ob Ihre Wahrnehmung noch einigermaßen neutral ist oder ob Sie sich gedanklich schon derart in den Konflikt hineingesteigert haben, dass Ihre Reaktion völlig übertrieben ist.

Wessen Konflikt ist es eigentlich?

Ihr Konflikt muss nicht notwendig auch das Problem eines anderen sein oder umgekehrt der Konflikt eines anderen nicht auch Ihrer. Die spannende Frage nach dem Konfliktbesitz sollten Sie sich schon in einem sehr frühen Stadium eines Konflikts stellen, um von vornherein die Weichen richtig zu stellen und eine sinnvolle Strategie zu entwickeln.

Drei Konstellationen lassen sich in der Praxis feststellen:

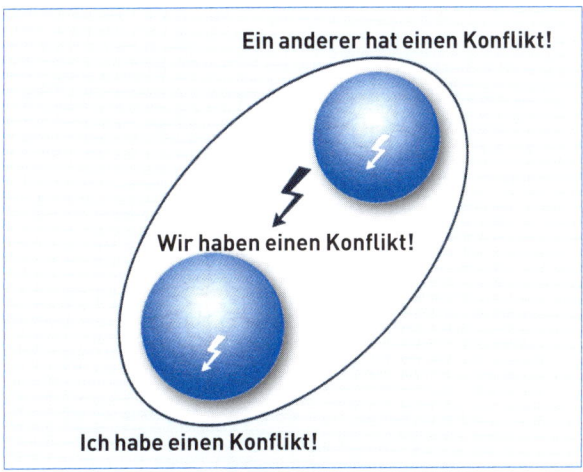

Wer ist an einem Konflikt beteiligt?

Sie sind alleiniger Konfliktbesitzer

In dieser Konstellation ist noch kein anderer involviert. Der Konflikt spielt sich ausschließlich bei Ihnen persönlich ab – sei es in Gedanken oder auch gefühlsmäßig. Die Situation lenkt Sie jedenfalls ab und beginnt Sie zunehmend zu stören und zu ärgern, sodass Sie anfangen über Lösungsmöglichkeiten nachzudenken.

Sie bereiten sich auf die Zielvereinbarungsgespräche mit Ihren Mitarbeitern vor und stellen fest, dass Sie mit den Leistungen eines Mitarbeiters in den letzten Wochen recht unzufrieden waren. Allerdings haben Sie es sich nicht anmerken lassen und aufgetretene Fehler auch nicht weiter thematisiert. Nun stellt sich Ihnen die Frage, ob Sie die Kritikpunkte im Gespräch direkt ansprechen sollen, sodass der Mitarbeiter die Kritik annehmen und Ihnen keine Vorwürfe wegen mangelnder Offenheit machen kann.

In dieser Konstellation haben Sie selbst den Konflikt – der andere weiß ja noch nichts von Ihrer Unzufriedenheit. Sie kennen das wahrscheinlich: Je länger man schon in der Situation eines akuten Konflikts steckt, diesen aber noch nicht angesprochen hat, umso schwieriger wird es, den ersten Schritt zu tun und den Konflikt zu thematisieren. Das liegt daran, dass die gefühlsmäßige Beteiligung mit dem Zeitverlauf kontinuierlich steigt. Beispielsweise wächst der Ärger über das Fehlverhalten eines anderen immer dann weiter, wenn er dieses Verhalten erneut an den Tag legt – und solange der Konflikt nicht offen ausgesprochen ist, wird er sein Verhalten auch nicht ändern. Innerhalb dieses Teufelskreises gerät die für die Konfliktlösung notwendige Ruhe und Sachlichkeit dann immer mehr in Gefahr, zugunsten von Überreaktionen auf der Strecke zu bleiben.

Ein emotionaler Ausrutscher wird umso wahrscheinlicher, je länger ein Konflikt nicht angesprochen ist.

Natürlich könnte es eine Lösung sein, dass Sie durch intensives Überdenken der Umstände zu der Überzeugung gelangen, dass der Konflikt doch nicht die Bedeutung hat, die sie ihm bisher zugemessen haben. Wenn es von der Situation her sinnvoll ist und Sie für sich den Konflikt wirklich beilegen konnten, haben Sie das Problem für sich abschließend geklärt. Wenn Sie sich allerdings entscheiden, den Konflikt in Angriff zu nehmen, sind in einer solchen Konstellation folgende Aspekte wichtig.

So vermitteln Sie Ihren Konflikt einem anderen

- Akzeptieren Sie, dass Sie gefühlsmäßig beteiligt sind – vielleicht sogar mit wesentlich intensiveren Gefühlen, als Sie es sich gegenüber für richtig halten. Denn wenn Sie akzeptieren, dass der Konflikt für Sie auch eine emotionale Belastung darstellt, dann werden Sie ihn leichter auflösen können.

- Beziehen Sie den Konfliktpartner mit ein. Beschreiben Sie Ihren Konflikt in Ich-Botschaften und äußern Sie Vorstellungen oder Wünsche.

- Sorgen Sie dafür, dass der Andere auch bereit ist, sich mit dem Konflikt zu befassen, und suchen Sie gemeinsam eine kooperative Konfliktlösung.

Sie nehmen wahr, dass ein anderer einen Konflikt hat

Spannender wird die Situation dann, wenn Sie persönlich definitiv keine Karten im Spiel haben, aber als weitgehend neutraler Beobachter merken, dass ein Eingreifen von außen hilfreich und wichtig sein könnte, weil es dem Betreffenden vielleicht gar nicht bewusst ist, dass er in einem Konflikt steckt.

Ein Mitarbeiter, mit dem Sie von der Leistung und vom Verhalten her zufrieden sind, hat sich in seinem Verhalten etwas verändert, seit ein neuer junger Kollege in die Abteilung eingetreten ist. Während Ihr Mitarbeiter sich über Jahre hinweg durch hohes Engagement und kontinuierlich gute Leistungen bewiesen hat, hat der neue Kollege noch fast keine Berufserfahrung. Er lässt in Besprechungen gerne sein auf der Universität erworbenes Wissen einfließen. Der ältere Mitarbeiter ist in Besprechungen sehr zurückhaltend geworden und beteiligt sich kaum an Diskussionen mit dem Neuen. Anscheinend kommt er mit dem neuen Kollegen bzw. mit dessen Verhalten nicht klar, ohne dass es zu einem offenen Konflikt kommt.

Eine Führungskraft wird in dieser Situation sorgfältig abwägen, ob sie der Entwicklung zusehen soll oder sich in geeigneter Weise einschaltet, um das Konfliktpotenzial frühzeitig anzusprechen und möglichst zu klären. Ein Eingreifen birgt Chancen, aber auch Risiken. So kann sich die Situation im besten Fall schnell klären und dies wieder zu voller Konzentration auf die Aufgabe und zu einem gestärkten persönlichen Verhältnis führen. Im schlimmsten Fall eskaliert die Situation aber und die Verwerfungen weiten sich zu tiefen Gräben aus. Letztlich nimmt ein Eingreifen von außen dem Konfliktbesitzer die Möglichkeit, selbst aktiv zu werden und mit sich besser zurechtzukommen.

So vermitteln Sie Hilfe für die Lösung des Konfliktes eines anderen

- Nehmen Sie aktiv wahr und analysieren Sie sorgfältig, welches die Konfliktelemente und was die Hintergründe des Konflikts sein könnten.

- Suchen Sie das Gespräch mit dem Konfliktbesitzer, mit dem Ziel, Ihre Wahrnehmungen mitzuteilen beziehungsweise zu spiegeln und gegebenenfalls Ihre Sorgen zu äußern.

- Bieten Sie dem Konfliktbesitzer Ihre Unterstützung und Hilfe an. Achten Sie aber darauf, dass Sie ihm Ihre Unterstützung nicht aufdrängen.

Sie und ein anderer oder mehrere andere haben einen gemeinsamen Konflikt

Diese Konstellation setzt voraus, dass alle Konfliktparteien sich über das Konfliktpotenzial bewusst sind. Die Bereitschaft, den Konflikt lösungsorientiert anzugehen, kann trotzdem unterschiedlich stark ausgeprägt sein – vielleicht sogar bei Einzelnen völlig fehlen.

Die grundlegende Strategie muss hierbei natürlich in einer kooperativen Lösung liegen.

Eine Lösung, an der alle Konfliktpartner aktiv mitgewirkt haben, werden auch alle gemeinsam tragen.

So lösen Sie einen gemeinsamen Konflikt

- Sammeln und strukturieren Sie vorbereitend Daten und Fakten der aktuellen Situation, reflektieren Sie die Vorgeschichte und Ihre Anteile an der aktuellen Konfliktsituation und machen Sie sich auch Ihre gefühlsmäßige Beteiligung bewusst.

- Sorgen Sie in einem strukturierten Gespräch dafür, dass alle Beteiligten zunächst eine gemeinsame Sichtweise des Konfliktszenarios entwickeln, um darauf basierend mögliche Lösungen zu skizzieren. Stellen Sie sicher, dass aus möglichen Lösungsalternativen eine klare Entscheidung getroffen wird und dass ein nachvollziehbarer Aktivitätenplan die Umsetzung der Lösungsvorschläge absichert und nachvollziehbar macht.

- Stellen Sie sicher, dass auf der Basis klarer Verantwortlichkeiten nach der Konfliktklärung auch darauf geachtet wird, dass die Vereinbarungen von denen umgesetzt werden, die entsprechende Aktivitäten übernommen und Zusagen gemacht haben.

Gerade der letzte Punkt ist oft entscheidend für das künftige Miteinander. Die beste Vereinbarung nützt natürlich nichts, wenn sie nicht realisiert wird. Einer der gravierendsten Fehler in der Phase nach einer Konfliktklärung ist es, wenn beim Nichteinhalten von Vereinbarungen keine Reaktion erfolgt. Gibt es hier keine Überprüfung, lernen die Konfliktparteien sehr schnell, dass man Zusagen brechen kann, ohne Konsequenzen befürchten zu müssen.

Konflikte als positive Herausforderung

Zum Erkennen von Konfliktelementen gehört auch die Frage, ob Sie sich an Misserfolgserfahrungen orientieren und den sich entwickelnden oder schwelenden Konflikt nun lediglich als ärgerlich, störend und schwierig erleben oder ob Sie es mit einem gewissen Grundoptimismus schaffen, die Konfliktsituation als eine Herausforderung zu sehen.

Sie wollen in Konfliktsituationen erfolgreicher agieren? Dann sollten Sie bedenken, dass auch die entsprechende mentale Vorbereitung sehr wichtig ist:

> Je positiver und unvoreingenommener Sie in eine Konfliktsituation hineingehen, desto besser sind die Aussichten, eine für alle Beteiligten zufriedenstellende Lösung zu finden.

Mentaler Erfolgsfaktor 1: Zielorientierung

Stecken Sie sich vor dem Klärungsgespräch klare, durchdachte und auch erreichbare Ziele. Setzen Sie sich nicht selbst unter Druck: Wer etwas erreichen will, kann locker und souverän agieren, wer etwas unbedingt erreichen muss, wird verkrampft und inflexibel handeln. Formulieren Sie Ihre Ziele bewusst positiv: Fragen Sie sich, was Sie erreichen, und nicht, was Sie vermeiden wollen. Stellen Sie sich vor, wie es ist, wenn das Ziel erreicht ist – so können Sie Ihre Motivation noch verstärken.

Mentaler Erfolgsfaktor 2: Einstimmung auf den Konfliktpartner

Wer mit einer negativen Grundstimmung in eine Konfliktsituation hinein und auf Konfliktpartner zugeht, wird unbewusst viele negative Signale ausstrahlen, die den Erfolg in der Situation äußerst fraglich werden lassen. Durch eine positive Einstimmung auf den Gesprächspartner gelingen Ihnen auch schwierige Konfliktgespräche wesentlich besser. Eine vorbereitende Übung besteht beispielsweise darin, dass Sie sich zehn positive Eigenschaften Ihres Konfliktpartners bewusst machen – auch oder gerade wenn es schwerfällt.

Mentaler Erfolgsfaktor 3:
persönliche Erfolgserlebnisse

Unser Verhalten ist natürlich auch sehr stark von Erfahrungen geprägt, die wir bisher gewonnen haben. Jeder Mensch macht positive und negative Erfahrungen. Unterschiedlich verhalten sich allerdings Menschen, was den Umgang mit diesen Erfahrungen anbelangt. Während einer eher die Misserfolge in Erinnerung hat, gelingt es anderen, sich eher auf die Erfolge zu konzentrieren. Letzteres ist gerade in der Einstimmung auf eine Konfliktsituation ein wichtiger Erfolgsfaktor: Machen Sie sich eine erfolgreiche Konfliktbewältigung aus der Vergangenheit bewusst, suchen Sie bewusst nach einer Situation, in der Sie auch gefühlsmäßig in einer sehr guten Verfassung waren. Sich solche „moments of excellence" bewusst zu machen, bringt Ihnen die Energie für das Bewältigen einer bevorstehenden Konfliktklärung.

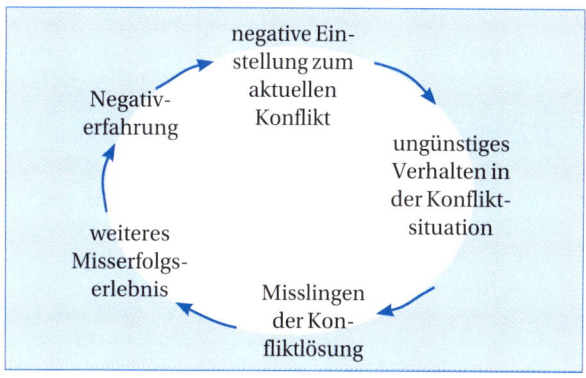

Den Kreislauf negativer Erfahrungen bewusst durchbrechen

Auf den Punkt gebracht

Sich abzeichnende Konflikte im Vorfeld erkennen und besonnen reagieren

- Es gibt klare sprachliche und körperliche Hinweise auf sich abzeichnende Konflikte.
  - Verbale Anzeichen können sein: Widerstand, Trotz, Aggression, Fixierung, Ausweichen, Selbstbeschuldigung, Projektion, Resignation, Überanpassung etc.
  - Eine geschlossene, abweisende Körperhaltung sowie kein oder nur spärlicher Blickkontakt kann auf Konfliktpotenzial hinweisen. Inkongruenzen zwischen Sprache und Körperhaltung sollten ebenfalls entsprechend wahrgenommen werden.

- Versuchen Sie den Konflikt möglichst neutral wahrzunehmen. Wer sich lange stark emotionalisiert in einen Konflikt hineinsteigert, läuft Gefahr, in Konfliktgesprächen unangemessen und überzogen zu reagieren und so mögliche Lösungschancen zu verspielen.

- Klären Sie, von welchen Personen ein Konflikt überhaupt wahrgenommen wird, in welcher Weise und mit welcher Intensität er erlebt wird und wie er angesprochen werden kann. Wer hat letztendlich den Konflikt: Nur Sie allein, jemand aus Ihrem Umfeld oder sind Sie und Ihr Konfliktpartner sich des Problems gleichermaßen bewusst?

- Die innere Einstellung dem Konflikt gegenüber ist entscheidend für das Gelingen einer Lösung. Misserfolgserlebnisse sollten nicht verallgemeinert werden. Je positiver und unvoreingenommener Sie in eine Konfliktsituation hineingehen, desto besser sind die Aussichten, eine für alle Beteiligten zufriedenstellende Lösung zu finden.

5   Unnötige Konflikte vermeiden

Zeit, Energie und Nerven sparen

Es ist sinnvoll, schon von vornherein das irgend Mögliche dazu beizutragen, unnötige Konflikte zu vermeiden. Auch hier gilt wieder, sich erst einmal seinen eigenen Anteil und seine Möglichkeiten bewusst zu machen und dann natürlich auch im Sinne der Konfliktvermeidung entsprechend auf andere Einfluss zu nehmen.
Um es deutlich zu machen:

> Unnötige Konflikte vermeiden heißt nicht, Konflikte zu ignorieren oder unter den Teppich zu kehren.

Unnötige Konflikte vermeiden heißt, einerseits für ein Umfeld und Arbeitsklima zu sorgen, das Konflikte erst gar nicht entstehen lässt, und andererseits schon bei ersten Anzeichen so zu intervenieren, dass ein Konflikt bereits im Anfangsstadium erkannt und geklärt wird.

Offene Information und Kommunikation

Ein funktionierender Informationsfluss ist grundlegende Voraussetzung für reibungslose und konfliktfreie Abläufe. Dass dies keine Selbstverständlichkeit ist, zeigen Klagen von Seminarteilnehmern in Führungstrainings, in Zeitmanagementseminaren und in Teamtrainings immer wieder.
Auf der einen Seite müssen heutzutage enorme Mengen an Informationen verarbeitet werden – auf der anderen Seite fühlen sich viele nicht richtig, nicht ausreichend und nicht rechtzeitig über wichtige Dinge informiert. Überall dort, wo Informationen fehlen, zu spät, unzureichend oder falsch vorliegen, leidet nicht nur die Produktivität, sondern entstehen Reibungsverluste und Konfliktpotenzial.

Egal in welcher Funktion Sie sich befinden – ob als Vorgesetzter oder als Mitarbeiter –, verstehen Sie Information weder als reine Bringschuld noch als reine Holschuld. Sorgen Sie einerseits dafür, dass Sie wichtige Informationen schnell an die richtigen Adressaten weitergeben, und stellen Sie andererseits sicher, dass Sie die Informationen, soweit sinnvoll, schon so weit vorselektieren, dass Kollegen und Mitarbeiter nicht mit unwichtigen Informationen zugeschüttet werden.

Wenn Sie aus der Sicht des Mitarbeiters den Eindruck haben, dass Ihnen wichtige Informationen fehlen – es gibt noch immer Vorgesetzte, deren Schreibtisch als Bermuda-Dreieck der Informationen gilt –, dann fragen Sie gezielt nach, ob und wo wichtige Informationen für Sie bereitliegen. Wenn Sie konkret nachweisen können, welche Informationen Sie zu spät oder gar nicht bekommen haben, dann klären Sie mit dem jeweiligen Absender, wie sichergestellt werden kann, dass Sie Informationen künftig rechtzeitig und vollständig erhalten.

Tun Sie das aber nicht konfrontativ! Schildern Sie die Fakten, beschreiben Sie die dadurch eingetretenen Konsequenzen, machen Sie einen Vorschlag, wie der Informationsfluss künftig gestaltet werden könnte oder – wenn Sie aus gutem Grund vorsichtiger herangehen wollen – formulieren Sie statt eines Vorschlages eher eine Bitte oder einen Wunsch.

Positive Grundstimmung schaffen

Beobachten Sie einmal Ihre Mitmenschen, Kollegen, Vorgesetzten, Geschäftspartner etc. bewusst und reflektieren Sie, wer von diesen einen zufriedenen, gut gelaunten Gesamteindruck bei Ihnen hinterlässt und wer im Gegensatz dazu einen unzufriedenen, schlecht gelaunten Eindruck vermittelt und ärgerlich, angespannt, nervös, hektisch, grübelnd oder ähnlich wirkt. Wahrscheinlich werden Sie zustimmen, wenn ich behaupte, dass Sie mit den Menschen besser zurechtkommen, die offensichtlich mit einer positiven Grundstimmung durchs Leben gehen. Mit solchen Zeitgenossen gibt es weniger Konflikte. Wenn es doch einmal zu einer Konfliktkonstellation kommt, die sich nicht vermeiden lässt, dann können Sie mit diesen Menschen den Konflikt in einer tendenziell positiven Stimmung konstruktiv und sachlich klären. Die Beteiligten werden die gefundenen Lösungen auch mittragen, weil sowohl von der Art und Weise der Klärung als auch von der sachlichen Seite her ein gutes Ergebnis erzielt wurde.

Soll ich denn nun immer lächelnd durch die Gegend laufen – das passt nicht zu mir und die Kollegen würden sich auch wundern?, so fragte mich ein Seminarteilnehmer in einem Seminar zum Thema Selbstmanagement. Bevor ich noch antworten konnte, erzählte ein anderer die folgende persönliche Begebenheit:

Vor einiger Zeit war ich beruflich sehr stark unter Druck. Wenn sich, selten genug, die Möglichkeit einer kleinen Pause ergab, bin ich oft schnell ins Kaufhaus gegenüber geflitzt – gezielt zur Süßwarentheke, um mir dort einen Schokoriegel zu kaufen. Angespannt und unter Zeitdruck musste ich immer wieder feststellen, dass keine Verkäuferin da war. Hatte ich dann endlich auf mich aufmerksam gemacht, war die Verkäuferin meist unfreundlich und ich bin mit einem knappen Gruß wieder verschwunden.

Irgendwann war mir ein guter Abschluss gelungen und ich hatte etwas mehr Zeit, wartete an der Süßwarentheke, bis eine Verkäuferin kam, begrüßte sie freundlich und äußerte meinen Wunsch. Sie gab mir mit einer ebenfalls freundlichen Miene meinen Schokoriegel und wünschte mir noch einen guten Appetit. Waren da nun auf einmal andere Verkäuferinnen? Nein, meine Erfahrung daraus war, dass ich mit einer sichtbar positiven Stimmung offensichtlich mehr erreichen kann als mit einer ärgerlichen oder kritischen Grundtendenz.

Es ist in der Tat so: Wer sich bewusst mit seiner persönlichen Außenwirkung befasst und sich entscheidet, die Welt und seine Mitmenschen etwas positiver zu sehen, und dies auch sprachlich und körpersprachlich umsetzt, wird erleben, dass er viel an positiven Rückkoppelungen erhält und sich und anderen so manchen Konflikt ersparen wird.

> Hinterfragen Sie selbstkritisch negative Grundtendenzen und verändern Sie diese in eine positive Richtung. Sehen Sie Lösungen statt Probleme, Chancen statt Risiken und erinnern Sie sich an Erfolge statt nur an Misserfolge.

Sie werden feststellen, dass dadurch vieles von vornherein einfacher werden wird.

Feedback-Kultur sorgt für Transparenz

Aufgestaute Konflikte bergen emotionalen Sprengstoff und hohes Konfliktpotenzial. Bevor also der buchstäbliche Tropfen das Fass zum Überlaufen bringt, ist es im Sinne der Konfliktvermeidung also sinnvoll, sein persönliches Umfeld über seine Befindlichkeiten, Vorstellungen, Wünsche etc. zu informieren und – um das entsprechende Fachwort einzuführen – konsequent und rechtzeitig Feedback zu geben.

Obwohl der Begriff Feedback in aller Munde ist, wird er doch recht unterschiedlich aufgefasst. Die folgenden Ausführungen basieren auf dieser Definition:

> Feedback ist eine Rückmeldung an eine Person über Wirkungen, die das Verhalten dieser Person (wahrnehmbare verbale und nonverbale Äußerungen) bei dem Feedbackgeber bewirkt hat.

Durch Feedback entsteht Transparenz – man erfährt mehr darüber, wie andere bestimmte Verhaltensweisen einschätzen. Das bietet die Grundlage für eine konstruktive Arbeitsatmosphäre, für das Vermeiden unnötiger Konflikte und für das Klären auftretender Konflikte. Unternehmen, die die positiven Wirkungen von Feedback erkannt haben, bekennen sich zu einer bewusst gestalteten Feedback-Kultur.

Mit dem bewusst eingesetzten Feedback haben Sie die Möglichkeit, Wirkungen in einer ganz bestimmten Richtung anzustreben. Allerdings ohne Erfolgsgarantie. Bedenken Sie bitte: Feedback ist kein Instrument der Macht oder des Zwangs – Feedback setzt auf Akzeptanz und auf eine gewisse Gelassenheit, also überwiegend auf „weiche" Faktoren. Feedback ist auch kein Patentrezept, das unter Zeitdruck für schnellste Veränderungen sorgt – Feedback basiert darauf, dass Veränderungsbereitschaft wachsen muss und dass Veränderungen Zeit brauchen, weil sie oft an jahrelang erprobten Verhaltensmustern ansetzen.

Die Qualität der Feedback-Kultur in Ihrem Arbeitsbereich können Sie auf den Prüfstand stellen, indem Sie sich fragen: *Was konkret schätzt mein Vorgesetzter an mir – was konkret schätzen meine Kollegen und ggf. Mitarbeiter an mir?* Wenn Sie diese Fragen klar beantworten können und nicht anfangen müssen, ratlos zu überlegen, dann ist das ein Zeichen für eine positive Feedback-Kultur.

Natürlich könnten Sie auch – wie viele meiner Seminarteilnehmer – antworten, dass es Ihnen leichter fallen würde, die Frage zu beantworten, wo Ihr Vorgesetzter Ihre Schwächen und Fehler sieht. Dann wäre die Feedback-Kultur, so wie in vielen Unternehmen, davon geprägt, dass Kritik im Vordergrund steht.

Feedback-Tendenzen – Kritik vor Anerkennung?

Diese Spielart der Feedback-Kultur ist nicht selten und hat natürlich auch Hintergründe. Ganz pragmatisch ist es natürlich so, dass gerade bei hoher Arbeitsbelastung die Zeit knapp und kostbar ist. Dann kann es dazu kommen, dass Gespräche zwischen Vorgesetzten und Mitarbeitern oder auch unter Kollegen hauptsächlich dann spontan zustande kommen, wenn etwas schiefgelaufen ist und Fehler analysiert oder korrigiert werden müssen. Dann kommt die Anerkennung oft zu kurz. Viele Führungskräfte räumen übrigens freimütig ein, dass sie häufiger Kritik äußern als Anerkennung. Manchmal drückt sich eine solche Grundhaltung auch in dem Satz aus: *Solange ich nichts sage bzw. nicht kritisiere, ist alles in Ordnung.*

Gerade weil es einen deutlichen Trend gibt, mehr über Schwächen und Fehler zu sprechen, ist es wichtig, auch den bestätigenden und bestärkenden Gedanken des positiven Feedbacks so umzusetzen, dass ein ausgewogener Trend entsteht.

Durch Anerkennung Positives verstärken

Feedback bewirkt immer etwas. Selbst mit einem unbewussten Feedback – also der kritischen Miene oder dem zustimmenden Nicken auf einen Vorschlag Ihres Gesprächspartners – bewirken Sie etwas beim anderen. Sein Verhalten, sein Denken und Fühlen kann sich verändern. Ein positives Feedback stabilisiert eine positive Stimmung oder bewirkt eine günstige Veränderung. Unnötige Konflikte werden vermieden – Konfliktklärung fällt leichter.

Das positive und bestätigende Feedback wird in seiner Wirkung oft unterschätzt. Gerade deshalb sollten Sie darauf achten, dass Sie es in angemessener Weise zu einem Teil Ihres Verhaltens werden lassen. Geben Sie anderen eine entsprechende Rückmeldung, wenn Sie sich über etwas gefreut haben, mit einem Verhalten sehr zufrieden waren, eine positive Entwicklung feststellen etc.

Achten Sie auch darauf, dass ein positives Feedback keine unbewussten Einschränkungen, Relativierungen oder sogar Kritik enthält:

- *Das Ergebnis gefällt mir eigentlich ganz gut …*
- *Diese Ausarbeitung ist gut gelungen – es wäre schön, wenn es immer so wäre …*

Auch wenn es nicht negativ gemeint ist – die Gefahr ist groß, dass eine negative Wirkung entsteht und Konfliktpotenziale gelegt werden.

Mit kritischem Feedback Änderungen anstoßen

Die spannende Seite des Feedbacks ist die Rückmeldung über Verhaltensweisen und Elemente, die aus der eigenen Sicht nicht in Ordnung sind, die also Konfliktpotenzial in sich bergen. Feedback also, das im Sinne einer Korrektur auf kleine

Veränderungen zur Verbesserung abzielt, oder das Feedback, das im Sinne einer Kritik deutliche und nachhaltige Veränderungswünsche oder -forderungen transportiert.

Ausgangspunkt dieses Feedbacks ist zunächst einmal die eigene Sichtweise, die bekanntlich nur bedingt neutral oder gar objektiv ist und stattdessen eher subjektive Elemente enthält. Gerade deshalb ist eine entscheidende Grundlage für das Vermeiden von Konflikten und für die Akzeptanz des Feedbacks beim Empfänger, dass Sie sich vorher um eine möglichst neutrale Sichtweise bemüht haben.

Gerade in Konfliktsituationen neigen wir ja zu Übertreibungen *(Jedes Mal muss ich an Ihren Formulierungen etwas ändern)* und zu absoluten Ansprüchen *(Ich erwarte, dass Sie das jetzt einfach akzeptieren)*. Vorsicht – hier lauert Konfliktpotenzial: zum einen in Bezug auf die Akzeptanz des Feedbacks und die Bereitschaft des anderen, etwas zu verändern – zum anderen durch das Verschlechtern der persönlichen Beziehungen.

> Kritisches Feedback sollte auf objektivierbaren Tatsachen beruhen und einen konstruktiven Verbesserungsvorschlag enthalten.

Jedes konstruktive Feedback enthält Wünsche oder Vorschläge in Bezug auf die erhofften oder erwarteten Veränderungen. Berücksichtigen Sie hierbei auch die Frage der Machbarkeit. Gerade Veränderungen im Verhalten oder sogar in den Grundeinstellungen können üblicherweise nur in kleinen Schritten realisiert werden. Mark Twain hat hierzu ein treffendes Zitat geliefert: *Eine schlechte Angewohnheit kann man nicht einfach zum Fenster hinauswerfen – man muss sie Stufe für Stufe die Treppe hinunterlocken.* Die Machbarkeit zu berücksichtigen, heißt unter anderem der Frage nachzugehen, ob die gewünschte Veränderung den Feedback-Empfänger in seinem Verhalten nicht überfordert, ob der erwartete Schritt nicht zu groß ist. Besser ist es in der Regel, immer wieder kleinere Veränderungen anzustreben.

Feedback – Mut zum kalkulierten Risiko

Keine Frage, dass die Methode des Feedbacks auch ihre Tücken und Konfliktpotenziale enthält. Wenn Sie sich dieser Risiken bewusst sind, werden Sie die Mehrzahl der Fettnäpfchen von vornherein vermeiden. Allerdings gilt: Wer nichts wagt, kann auch nichts gewinnen. Wer ein Feedback gibt, sagt damit auch etwas über seine persönlichen Einstellungen und Vorstellungen.

Er gibt einiges von sich preis und lässt damit auch erkennen, wo er selbst angreifbar ist. Deshalb ist es wichtig, die eigenen Vorstellungen sorgfältig an generellen Maßstäben, Daten und Fakten auszurichten.

Trotzdem: Versuchen Sie nicht, Feedback zu stark zu versachlichen und zu neutralisieren – damit geht auch etwas von der möglichen Wirkung verloren. Achten Sie aber darauf, dass die persönlichen Wertungen und Befindlichkeiten, die Sie in Ihr Feedback einfließen lassen, sich in einem Rahmen bewegen, durch den Sie sich nicht unnötig outen. Reden Sie über Befindlichkeiten, nicht über Empfindlichkeiten.

Haben Sie aber auch den Mut, zu Ihren Gefühlen zu stehen. Wenn Sie sich über etwas ärgern, wird ein Feedback wenig wirkungsvoll sein, in dem Sie zum Ausdruck bringen, dass Sie etwas irritiert waren.

> Authentizität ist wichtig – die Dinge und insbesondere auch die Gefühle beim richtigen Namen nennen. Gerade auf der Gefühlsebene liegt oft die eigentliche Wirkung.

Feedback kann als Reaktion durchaus Gegenwehr herbeiführen, auch ohne dass Sie einen erkennbaren Anteil daran haben. Wenn Sie sich dessen bewusst sind und mit der Gegenwehr souverän umgehen können, haben Sie ein weiteres Risikopotenzial im Griff.

Wichtig ist es, zu wissen, dass Gegenwehr immer ein Zeichen für ein Ungleichgewicht ist. Versuchen Sie Gegenwehr zunächst als ein Signal zu sehen, dass die Bereitschaft zum Annehmen des Feedbacks gering ist – lassen Sie das Feedback gegebenenfalls einfach im Raum stehen, ohne auf Konsens oder Akzeptanz zu insistieren, und warten Sie auf eine günstigere Gelegenheit.

Oft lässt sich übrigens feststellen, dass trotz einer momentanen Gegenwehr später doch der aus einem Feedback heraus gesetzte Impuls Wirkung zeigt und der Feedbackempfänger bestimmte Veränderungen initiiert. Manchmal gibt es einfach Sperren, die es dem Feedbackempfänger schwer machen, offen die eigene Veränderungsbereitschaft zu signalisieren.

Auf das Wie und Was kommt es an – Feedback-Regeln in der Praxis

Wenn Sie Feedback im Sinne des Konfliktmanagements einsetzen möchten, wird es wichtig sein, einige Spielregeln einzuhalten. Diese Spielregeln helfen einerseits, das Feedback für den Feedback-Empfänger verständlich und akzeptabel zu formulieren. Andererseits sollen die Spielregeln dem Empfänger Hinweise geben, möglichst viel aus einem Feedback abzuleiten und wie er dafür sorgen kann, ehrliches und konstruktives Feedback zu erhalten. Letztlich also Mittel und Wege für einen konstruktiven Umgang miteinander – gerade wenn es Meinungsunterschiede gibt.

Wenn Sie anderen ein wirkungsvolles und akzeptables Feedback geben wollen, dann sollten Sie darauf achten, dass Ihr Feedback die folgenden Elemente möglichst in der angegebenen Reihenfolge enthält:

Grundstruktur des Feedbacks

1. Genaue und wertneutrale Beschreibung der Wahrnehmung, auf die Sie sich beziehen werden.
   Dies an den Anfang zu stellen ist wichtig, damit der Feedback-Empfänger sich inhaltlich einstellen kann. An dieser Stelle noch keine Bewertung vorzunehmen ist ebenfalls wichtig, damit beim Feedback-Empfänger kein Widerstand ausgelöst wird.

2. Schilderung der Reaktion, die diese Wahrnehmung bei Ihnen ausgelöst hat. Diese Reaktionen wiederum können drei Richtungen haben:
   - Fragen, die sich für Sie ergeben haben,
   - Gefühle, die aufgrund der Wahrnehmung bei Ihnen entstanden sind,
   - Folgerungen, die Sie angestellt haben.
3. Wünsche, die Sie an den anderen haben oder Konsequenzen, die sich daraus aus Ihrer Sicht ergeben.

Formulierungsbeispiel

Ein Vorgesetzter ist zwar mit der Qualität, nicht aber mit dem Arbeitstempo eines Mitarbeiters zufrieden:

1. *Wenn ich von Ihnen Ergebnisse bekomme, sind diese immer einwandfrei und haben eine hohe Qualität. Für manche Ausarbeitungen brauchen Sie mehr Zeit, als zunächst vereinbart.*
2. *a) Ich frage mich, ob und wie Sie das Tempo erhöhen könnten, ohne die Qualität zu reduzieren* oder
   b) Ich bin allerdings nicht ganz zufrieden, denn ich befürchte, dass Sie mehr Zeit aufwenden, als es der Bedeutung der Aufgaben entspricht.
3. *Deshalb möchte ich mit Ihnen heute klären, wie Sie künftig diese Aufgaben beschleunigt fertig stellen können.*

Über die hier vorgeschlagene Struktur hinaus ist das Einhalten einiger Spielregeln wichtige Grundlage im Konfliktszenario:

Spielregeln für das Geben von Feedback

- Sorgen Sie für ein Gespräch ohne äußere Störungen.
- Stellen Sie sicher, dass das Gespräch unter vier Augen stattfindet.

- Achten Sie auf die innere Bereitschaft Ihres Gesprächspartners, sich auf ein Feedback einzulassen.
- Versuchen Sie, eine möglichst partnerschaftliche Atmosphäre zu schaffen – sowohl von der Art der Gesprächsführung als auch von der Sitzordnung her.
- Sitzen Sie nicht „Auge in Auge" gegenüber, weil das konfrontativ wirken kann.
- Achten Sie bei kritischem Feedback darauf, dass Sie nicht aus dem ersten Ärger heraus agieren. Sinnvoller ist es manchmal, erst Abstand zu gewinnen.
- Führen Sie das Gespräch in einem zeitlichen Zusammenhang mit dem Feedback-Inhalt.
- Verwenden Sie Ich-Aussagen statt der konfliktfördernden Du-Botschaft. Formulieren Sie Ich bin enttäuscht statt Sie haben mich enttäuscht.
- Formulieren Sie positiv und berücksichtigen Sie dabei, dass in jedem Verhalten auch eine Stärke steckt. Formulieren Sie beispielsweise: Ich schätze Ihre fehlerfreien Ausarbeitungen. Ich bin sicher, Sie können die Ergebnisse auch in kürzerer Zeit erreichen, ohne die Qualität nachhaltig zu verringern.
- Scheuen Sie sich nicht, auch den „eigenen Anteil" ins Gespräch einfließen zu lassen und eigene Fehler anzusprechen.
- Orientieren Sie sich an der Persönlichkeit Ihres Gesprächspartners und überfordern Sie ihn nicht.
- Beziehen Sie sich generell auf nur wenige Sachverhalte.

**Feedback annehmen –
wichtig im Sinne von Konfliktmanagement**

Zum Konfliktmanagement gehört neben der Fähigkeit, ein „sauberes" Feedback zu geben, auch die Bereitschaft, Feedback anzunehmen.

Immer wieder werden Sie in Situationen sein, in denen andere Ihnen ein Feedback geben und damit wichtige Hinweise auf Konfliktvermeidung und Konfliktklärung.

Ein erhaltenes Feedback als Chance zu begreifen ist nicht selbstverständlich.

Insbesondere wenn es kritische Komponenten enthält, fällt es schwerer, das einfach so anzunehmen. Doch gerade darauf kommt es an. Schließlich hat Ihr Gesprächspartner Mut gefasst, Sie auf Verhaltensweisen anzusprechen, die aus seiner Sicht nicht Ordnung sind. Wenn Sie sich abwehrend oder ausweichend verhalten, wird es der andere wahrscheinlich sehr schnell aufgeben und insgeheim beschließen, Ihnen so schnell kein weiteres Feedback zu geben. Achten Sie deshalb auf einige Grundregeln.

Spielregeln für das Nehmen von Feedback

- Hören Sie dem Feedback-Geber aufmerksam und aktiv zu und ermuntern Sie ihn, sein Feedback ausführlich zu formulieren.
- Wenn Ihnen einzelne Aspekte des Feedbacks unklar erscheinen, fragen Sie nach, um zu verstehen, was gemeint ist.
- Bedanken Sie sich und betonen Sie, dass Ihnen Feedback wichtig ist.
- Äußern Sie Verständnis für den im Feedback enthaltenen Veränderungswunsch.
- Vermeiden Sie unter allen Umständen, sich zu rechtfertigen – wenn es geht. Durch das Feedback hat die Wahrnehmung Ihres Gegenübers gewissermaßen Faktizität gewonnen und kann nicht mehr wegdiskutiert werden.
- Gehen Sie auch souverän mit Feedback um, das nicht regelkonform ist. Machen Sie sich nicht zum Feedback-Polizisten, sondern formulieren Sie das

Feedback für sich so um, dass Sie etwas daraus lernen können.

- Überlegen Sie, ob Sie auf das Feedback oder auf einzelne Wünsche davon sofort eine Zusage zur Veränderung geben wollen.
- Machen Sie allerdings keine voreiligen Zusagen – sagen Sie nur das zu, was Sie auch wirklich bereit und in der Lage sind zu verändern.

Handeln Sie generell nach dem Prinzip Eigenverantwortung: Überlegen Sie sorgfältig, ob und welche Konsequenzen Sie aus dem Feedback ableiten wollen und können. Bedenken Sie einerseits, dass jedes Feedback subjektive Teile enthält und Sie es niemals allen recht machen können – bedenken Sie andererseits, dass Ihre Veränderungsbereitschaft auch zu einer größeren Bandbreite Ihres Verhaltens führen wird.

Eigene Wünsche wahrnehmen und äußern

Ein nicht zu unterschätzendes Konfliktpotenzial sind die Enttäuschungen, die dadurch entstehen, dass wir den Eindruck haben, zu kurz zu kommen. Das geschieht beispielsweise dann, wenn wir nicht dafür sorgen, dass anderen unsere Wünsche bekannt werden, und äußert sich etwa in Sätzen wie: *Also ich hätte ja schon gedacht, dass Sie sich während meines Urlaubs zumindest um die Reklamationen kümmern.* Oft ist es allerdings so, dass man die Enttäuschung für sich behält. Daraus kann man dann auch die Legitimation ableiten, sich über den anderen zu ärgern.

Wer nur für sich darüber nachdenkt, was er alles gerne hätte, und nicht dafür sorgt, dass dies auch den Menschen bekannt ist, die ihm diese Wünsche erfüllen könnten oder die ihm die Erfüllung der Wünsche – unbewusst oder bewusst – schwer machen, der muss sich nicht wundern, wenn seine Vorstellungen nicht Realität werden.

Die daraus resultierende Enttäuschung kann ein Element in künftigen Konflikten darstellen, weil sie die Beziehung zu einem anderen unterschwellig stört und man selbst nicht mehr in dem Maße neutral oder unbefangen agieren kann, wie es für partnerschaftlichen Umgang miteinander wichtig wäre.

Flexibel denken

Epiktet wird das Zitat zugeschrieben: *Es sind nicht die Dinge, die schlecht sind, sondern die Gedanken, die wir uns über die Dinge machen.* In diesem Satz stecken wichtige Erkenntnisse über die Konfliktentstehung und die Frage, wie wir uns in Konfliktsituationen gefühlsmäßig günstiger positionieren können.

Ein Außendienstler verliert einen wichtigen Auftrag, weil er in der Kalkulation einen Fehler gemacht hat. Und das gerade in einer Situation, in der er ohnehin schon zu kämpfen hat, um seine Zahlen zu erreichen. Er sitzt total frustriert an seinem Schreibtisch und macht sich selbst heftige Vorwürfe: „Das hätte mir nie passieren dürfen! Ich bin einfach immer zu hektisch! Jedes Mal übersehe ich irgendwelche Details – irgendwann kommt es zur richtig großen Katastrophe!"

Ein Servicemitarbeiter hat einem Kunden, der sich in massiver und fordernder Art heftig beschwert hat, einen objektiv wesentlich zu hohen Nachlass zugesagt und weiß, dass er nun mit seinem Vorgesetzten Ärger bekommen wird. Wütend geht er im Büro auf und ab und schimpft laut vor sich hin: „So was Unverschämtes – so kann sich doch ein Geschäftsmann nicht aufführen. Gerade der hat es nötig!"

Ein Autoverkäufer fährt nach einem erfolglosen Tag gereizt und genervt nach Hause. Er grübelt vor sich hin und denkt darüber nach, wie unfair doch die Bedingungen für gute Geschäfte heutzutage sind. Es müsste klare Regeln geben, die verhindern, dass Wettbewerber bessere Konditionen machen. Es müsste Gesetze geben, die den Re-Import total verhindern. Es müsste klarere Absprachen zwischen den Händlern am Ort geben ..."

Erkennen Sie sich teilweise in diesen Beispielen wieder? Geht es Ihnen auch manchmal so, dass Sie emotional im roten Bereich sind – frustriert oder ärgerlich? Die drei Menschen in den obigen Beispielen haben eines gemeinsam: Sie haben sich durch eine ungünstige Denkweise in einen emotional ungünstigen Zustand gebracht. Sie tun sich selbst nichts Gutes damit – im Gegenteil: Sie schädigen sich selbst. Denn es liegt auf der Hand, dass man aus einer emotional negativen Situation heraus kaum oder nur sehr schwer in der Lage sein wird, beispielsweise den nächsten Kundenkontakt professionell und erfolgreich zu gestalten.

Natürlich kann es nicht darum gehen, dass die Kandidaten in den Beispielen so tun sollten, als hätte es keine Probleme gegeben. Sie könnten aber darüber nachdenken, ob sie sich nicht selbst das Leben dadurch unnötig schwer machen, dass sie mit sehr hohen, inflexiblen Anforderungen durchs Leben gehen. Im ersten Beispiel geht es um zu hohe Selbstansprüche. Im zweiten Beispiel geht es um starre Erwartungen und Anforderungen an andere. Und im dritten Beispiel geht es um unrealistische Ansprüche an die Rahmenbedingungen.

Keine Frage, dass es schön wäre, wenn man selbst keine Fehler machen würde, andere Menschen immer fair und nett wären und die Rahmenbedingungen den eigenen Erfolg erleichtern würden. Wer sich selbst aber durch zu extreme und inflexible Vorstellungen unnötig unter Druck setzt, wird gerade das Gegenteil erreichen. Statt konstruktiv darüber nachzudenken, wie er mit konflikthaltigen Situationen besser zurechtkommt, verschwendet er unnötig Energie und Motivation und reibt sich an Erwartungen auf, die aktuell so nicht einlösbar sind.

> Achten Sie darauf, dass Sie persönlich die Messlatte für das eigene Verhalten, für das Verhalten anderer und in Bezug auf Rahmenbedingungen und Spielregeln nicht zu starr und nicht zu hoch ansetzen.

Je höher und unveränderbarer die Messlatte liegt, umso sicherer werden Sie immer wieder Misserfolge einstecken müssen.

Wer mit realistischen – durchaus auch ambitionierten Vorstellungen – durchs Leben geht, wird nicht so oft in Konflikte geraten und in unvermeidbaren Konfliktsituationen erfolgreicher agieren können.

Schlüsselfragen für sachliches Agieren in emotionalen Situationen

Wenn Sie in einer Konfliktsituation merken, dass Sie sich emotional im roten Bereich befinden – wütend, frustriert, ärgerlich, genervt, gereizt etc. sind –, ist die entscheidende Frage, mit welchen Gedanken Sie sich in diesen Zustand gebracht haben. Ein Gedanke wie *Wieso passieren solche Dinge immer nur mir – ich schaffe das einfach nie!* würde mit großer Wahrscheinlichkeit Resignation hervorrufen und das eigene Selbstvertrauen schwächen. So lassen sich Konflikte nur schwer lösen.

Stellen Sie negative Gedanken auf den Prüfstand

- Ist der Gedanke realistisch – ist es beispielsweise wirklich so, dass so etwas nie einem anderen passiert ist?
- Ist der Gedanke angemessen – ist es beispielsweise angemessen, davon auszugehen, dass man es nie schaffen wird, nur weil es ein paar Mal schiefging?
- Ist der Gedanke hilfreich – ist es in der aktuellen Situation wirklich ein hilfreicher Gedanke oder wäre es besser zu denken: Irgendwann ist Schluss mit der Pechsträhne – ab sofort passiert mir das nicht mehr!

Die eigenen Gedanken zu reflektieren und sie zu verändern, wenn sie zu emotional ungünstigen Reaktionen führen, ist keine Geheimwissenschaft. Aber auch kein Patentrezept nach dem Motto *Mach doch einfach!* Sich gedanklich in Konflikten positiv zu positionieren ist vielmehr eine Fähigkeit, die langes und geduldiges Üben erfordert.

Auf den Punkt gebracht

Im Vorfeld möglicher Konflikte besonnen agieren

- Unnötige Konflikte vermeiden heißt, einerseits für ein Umfeld und Arbeitsklima zu sorgen, in dem diese gar nicht erst entstehen können, und andererseits schon bei ersten Anzeichen so zu intervenieren, dass sie bereits im Anfangsstadium erkannt und geklärt werden.
- Sorgen Sie für einen guten Informationsfluss. Überall dort, wo Informationen fehlen, zu spät, unzureichend oder falsch vorliegen, leidet nicht nur die Produktivität, sondern es entstehen Reibungsverluste und Konfliktpotenzial.
- Hinterfragen Sie selbstkritisch negative Grundtendenzen und verändern Sie diese in eine positive Richtung, um in Konflikten unvoreingenommen agieren zu können.
- Kontinuierliches und zeitnahes Feedback schafft Transparenz innerhalb von (Arbeits-)Beziehungen und verhindert so, dass sich Konflikte aufstauen oder konfliktträchtige Erwartungen entstehen.
- Kritisches Feedback sollte auf objektivierbaren Tatsachen beruhen und einen konstruktiven Verbesserungsvorschlag enthalten.
- Die eigenen Wünsche bewusst wahrzunehmen und auszusprechen verhindert Enttäuschungen sowie das Entstehen von unrealistischen Erwartungen und verringert so Konfliktpotenzial.
- Denken und agieren Sie möglichst pragmatisch und flexibel und blockieren Sie sich nicht selbst, indem Sie die Maßstäbe für Ihr eigenes Verhalten und das Verhalten anderer unrealistisch und zu hoch ansetzen.

6 Unvermeidbare Konflikte im Gespräch bearbeiten und klären

Zukunftsfähige Lösungen finden

Natürlich bleiben trotz aller Vorsorgemaßnahmen genug Konflikte, die nur in einem Gespräch geklärt werden können oder im Gespräch geklärt werden müssen. Nichts einfacher als das – Gespräche führen wir ja alle schon, seit wir sprechen können. Allerdings zeigen die Erfahrungen immer wieder, dass gerade in Konfliktsituationen Gespräche schnell in die falsche Richtung laufen. Die Hintergründe haben Sie in den vorausgegangenen Kapiteln bereits kennengelernt.

Den roten Faden für ein Konfliktgespräch zu verinnerlichen kann helfen, um trotz der Tatsache, dass man oft in erheblichem Maße eigene emotionale Anteile mit ins Gespräch bringt, ein zielführendes Gespräch zu führen.

Grundsätzlich kann es notwendig sein, in besonders schwierigen Konfliktsituationen einen möglichst neutralen Moderator um Unterstützung in der Gesprächsführung zu bitten (siehe auch Kap. 7).

Konfliktstrategien – einsam siegen oder gemeinsam gewinnen?

Selbst in Seminarübungen zum Thema Konflikt, in denen es nicht wirklich um etwas geht, geraten viele Gesprächspartner relativ schnell in Verhaltensweisen, in denen sie jeweils gegenseitig versuchen, ihren Konfliktpartner zu besiegen.

Die Mittel dazu werden Zug um Zug härter: von Vorschlägen über Forderungen zu Drohungen, von kritischen Fragen über Ironie und Zynismus bis hin zum persönlichen Angriff. Am Ende einer solchen Übung reflektieren dann alle Beteiligten erschrocken und teilweise sehr nachdenklich, wie schnell sie doch in ungünstige Verhaltensweisen verfallen sind, die nicht zum Ziel geführt haben.

Grundsätzlich lassen sich fünf verschiedene Strategien identifizieren:

Variante 1: vermeiden

Der Betreffende hält sich in der Diskussion konsequent zurück – er äußert weder eine klare eigene Meinung und Zielvorstellung noch kommentiert er die Meinungen und Zielvorstellungen des oder der anderen. Auch in der Frage nach möglichen Lösungen hält er sich bedeckt und weicht klaren Aussagen nachhaltig aus.

Konsequenz:

Entweder ist man nicht entscheidungsfähig oder es wird etwas über den Kopf des Vermeiders hinweg entschieden. Der Konflikt mag vordergründig einer Lösung zugeführt werden, bleibt im Grunde aber bestehen und die Beteiligten wissen das auch. Eine frustrierende Situation, in der letztlich beide Parteien verloren haben. Der Vermeider kann höchstens für sich selbst das Fazit ziehen, dass er am weiteren Fortgang der Dinge keine Schuld trägt.

Variante 2: nachgeben

Diese Strategie ist bereits erkennbar an der Art und Weise, in welcher der Betreffende seine Interessen und Ziele vertritt. *Ich hatte mir eigentlich gedacht, dass ... aber ich bestehe auch nicht darauf.* In dieser oder ähnlicher Weise signalisiert der Nachgeber – ohne dass ihm das bewusst ist –, dass er schnell bereit sein wird, sich anderen Meinungen anzuschließen und die eigene dabei aufzugeben bzw. seine Ziele stark zurückzustecken.

Konfliktstrategien

Nicht jeder Konflikt, der offiziell „vom Tisch" ist, ist auch wirklich nachhaltig geklärt

Der Konflikt ist weiterhin manifest

Vermeiden

Wer dem Konflikt konsequent ausweicht und weder in eigener Sache Stellung bezieht noch zur Sache des Gegenübers Stellung nimmt, wäscht seine Hände gewissermaßen in Unschuld. Diese Vogel-Strauß-Politik kann letztlich nicht darüber hinwegtäuschen, dass ein Konflikt besteht. Der Vermeider läuft Gefahr, dass ihm Konfliktpartner oder Dritte die Dinge völlig aus der Hand nehmen oder der Konflikt eskaliert.

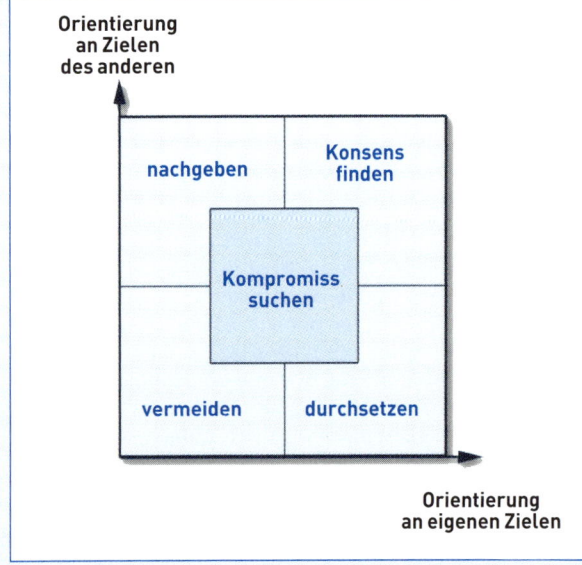

Nachgeben

Wer im Konfliktfall bedingungslos nachgibt, erkennt den Konflikt zwar an, verhält sich aber so, als hätte er keine Aktien in der Sache. Die Dinge werden über seinen Kopf hinweg entschieden. So ist der Konflikt zwar offiziell „vom Tisch", die „Lösung" hinterlässt aber beim Nachgeber einen bitteren Nachgeschmack und er wird entsprechende Ressentiments entwickeln, die sein Konfliktpotenzial erhöhen. Bestenfalls wird er als freundlich und umgänglich angesehen, im schlechteren Falle als harmoniebedürftig gelten oder gar sein Gesicht verlieren.

Durchsetzen

Der Durchsetzer ist so von sich und seiner Sache überzeugt, dass er – vielfach auch unbewusst – buchstäblich über Leichen geht. Auch wenn er gewinnt und den Konflikt für sich entscheidet, so hinterlässt er doch verbrannte Erde. Er muss in Zukunft mit verstärktem offenem oder verstecktem Widerstand derer rechnen, die er mit der Wucht seiner Persönlichkeit und seines Vorgehens überfahren hat.

Der Konflikt ist nachhaltig gelöst

Kompromiss

Der Kompromiss ist im besten Falle ein gerechter Ausgleich zwischen den verschiedenen Interessen. Sind alle Beteiligten der begründeten Auffassung, gleich viel verloren wie gewonnen zu haben, wird der Kompromiss tragfähig sein. Im Falle eines schlechten Kompromisses fühlt sich eine Seite übervorteilt und weiteres Konfliktpotenzial bleibt bestehen.

Konsens

Der Konsens ist der Königsweg der Konfliktlösung. Alle Hintergründe sind dargelegt, Standpunkte und Meinungen offen ausgetauscht und die Interessen aller angemessen berücksichtigt worden. Da sich so jeder als Gewinner fühlen kann, ist die Zukunftsfähigkeit der gemeinsam gefundenen Lösung sehr hoch.

Konsequenz:

Der Nachgiebige macht es zwar seinen Konfliktpartnern leicht, zu einem Ergebnis zu kommen. Für sich und seine Ziele tut er allerdings nicht viel. Ob er es will oder nicht – unbewusst geht er oft aus solchen Konfliktgesprächen mit dem Gefühl eines Verlierers heraus. Ebenfalls unbewusst fördert dieses Verhalten eine Tendenz, sich bei nächster Gelegenheit für die Niederlage revanchieren zu wollen oder zumindest dem Konfliktpartner seinen Sieg insgeheim nachzutragen. Diese Verlierer – Sieger – Konstellation ist keine reife Form der Konfliktlösung.

Variante 3: durchsetzen

Dem Durchsetzer geht es nur um eines: Seine Wünsche, Ziele, Vorstellungen und Ideen sollen am Ende von den anderen übernommen werden. Um das zu erreichen, setzt er alle seine Mittel ein. Sein Repertoire reicht vom anfänglichen Versuch zu überzeugen über dann eingesetzte Überredungskunst und klar definierte Forderungen bis hin zu unverhüllten Drohungen und Ultimaten. Er kann gut zuhören, wenn es seinen Zielen nutzt – was nicht in sein Konzept passt, kommt bei ihm auch nicht so recht an.

Konsequenz:

Da der Durchsetzer in der Wahl seiner Mittel nicht zimperlich ist und sich nicht wirklich mit der Meinung seiner Konfliktpartner auseinandersetzt, macht er diese letztlich zu Verlierern. Selbst wenn er sich einmal nicht durchsetzen konnte, weil es zu viel Widerstand gab. So schafft er sich – ohne dass ihm das vielleicht bewusst wird – Gegner in einer möglichen neuen Konfliktkonstellation. Dann wundert er sich manchmal, dass andere vehement Widerstand leisten, auch wenn es eigentlich um nichts Besonderes geht. Das sind dann die Folgen seiner Sieger-Verlierer-Strategie.

Variante 4: einen Kompromiss anstreben

Der Kompromiss stellt praktisch eine 50:50-Lösung dar. Jede Konfliktpartei erreicht die Hälfte ihrer Ziele und Vorstellungen und gibt dafür die andere Hälfte auf. Durch Geben und Nehmen entsteht dann eine Lösung, bei der die Beteiligten sich in der Mitte treffen. Diese Vorgehensweise ist immer dann sinnvoll, wenn es aus Zeit- oder Ressourcengründen nicht möglich ist, noch mehr in das Erreichen einer noch besser abgesicherten Lösung zu investieren. Das kann der Fall sein, wenn Entscheidungen schnell fallen müssen oder wenn es nicht um große Konflikte geht.

Konsequenz:

Der Kompromiss ist dann gut, wenn er „echt" ist – wenn die Beteiligten die Lösung auch wirklich akzeptieren und das Ergebnis auch innerlich, das heißt emotional, mittragen werden. Dann ist eine tragfähige Gewinner-Gewinner-Konstellation entstanden. Wenn die Beteiligten es sich zu einfach gemacht haben, wenn sie zu schnell kompromissbereit waren und ihre eigenen Ziele und Vorstellungen voreilig zur Disposition gestellt haben, dann kann es geschehen, dass sich im Nachhinein bei einzelnen Beteiligten oder bei allen Unzufriedenheit einstellt. Dann wird es statt zu einer echten Kompromisslösung eher zu einer Konstellation kommen, in der sich Einzelne doch noch als Verlierer sehen.

Variante 5: auf hohem Niveau Konsens erzielen

Vielleicht fragen Sie sich, wo der Unterschied zwischen Kompromiss und Konsens denn eigentlich liegt. Während beim Kompromiss die Beteiligten in der Sache auch mal „fünfe gerade sein" lassen, kennzeichnet den Konsens eine Vorgehensweise, in der die Beteiligten ihre unterschiedlichen Interessen und Vorstellungen offen auf den Tisch gelegt und gründlich ausdiskutiert haben. Die unterschiedlichen Sichtweisen wurden genau erläutert, hinterfragt und gemeinsam auf Vor- und Nachteile untersucht. Die möglichen Lösungsansätze sind ebenfalls gemeinsam auf Chancen und Risiken abgeklopft worden. Alle Beteiligten sind sich bewusst, dass nur eine wirklich gemeinsame Lösung tragfähig ist, und setzen daher auch Energie in das „Ringen" um diese Lösung.

Konsequenz:

Diese Konfliktlösungsstrategie führt zu einer echten Gewinner-Gewinner-Situation: Alle Beteiligten sind sachlich und emotional mit dem Ergebnis zufrieden und daher auch bereit, die nächsten Schritte zu gehen und die Vereinbarungen wirklich einzuhalten.

Auch der Kompromiss kann ein Gewinner-Gewinner-Ergebnis zur Folge haben. Das Risiko liegt – wie oben erwähnt – in der Frage, inwieweit die Konfliktparteien sich nachhaltig mit dem Ergebnis identifizieren können.

Gewinner – Sieger – Verlierer: Wo liegt der Unterschied?

Der Sieger hat sich so verhalten, dass der Konfliktpartner als Verlierer aus einer Konfliktsituation herausgeht – das liegt auf der Hand.

Als gemeinsame Gewinner können Konfliktpartner sich nach einem Konfliktlösungsgespräch fühlen, wenn

- jeder sich als Mensch angenommen und akzeptiert fühlt,
- alle wichtigen Kritikpunkte in der Sache klar angesprochen wurden,
- es keine Generalabrechnungen gab,
- jeder sich bemüht hat, durch Fragen die Meinung des anderen herausfinden,
- jeder sich „in die Schuhe des anderen stellen", das heißt seine Interessen verstehen konnte,

- Vorwürfe und Drohungen verzichtbar waren,
- über Meinungen und Gefühle gesprochen wurde,
- Lösungen ohne Druck vorgeschlagen wurden,
- auch Feedback im Gespräch geübt wurde,
- jeder seine Interessen und Erwartungen an den anderen klar artikulierte.

Wenn Konflikte eskalieren

Besonders lange schwelende oder nicht zufriedenstellend gelöste Konflikte haben eine Tendenz zu eskalieren. Wer die Zeitung mit dem Blick auf Konflikte überfliegt, dem werden entsprechende Nachrichten permanent ins Auge springen.

Manchmal kann gezielte Eskalation sinnvoll sein

Natürlich wäre es wünschenswert, wenn Konflikte sich immer in der oben beschriebenen Gewinner-Gewinner-Strategie lösen ließen. Allerdings muss man auch berücksichtigen, dass manche Konflikte sich erst lösen lassen, wenn sie „reif" sind. Durch eine bewusst eingegangene oder ein bewusst initiierte Eskalation wird manchmal erst diese nötige Reife erreicht. Dem Konfliktpartner wird oft erst auf einem höheren Eskalationsniveau deutlich, dass es an der Zeit ist, sich dem Konflikt zu stellen und etwas zur Lösung beizutragen.
Auch hier gilt natürlich: Die Dosis macht es aus – allzu viel Eskalation ist kontraproduktiv.

Die neun Stufen der Eskalation bei Konflikten

Auf den ersten drei Stufen ist das Umschwenken auf eine Gewinner-Gewinner-Strategie noch leicht möglich.

Stufe 1: Verhärtung

Hier werden aus Meinungen vermeintliche Fakten – statt *Ich sehe es so …* heißt es dann *Es ist so …".* Die Unbefangenheit geht verloren, die Konfliktpartner merken, dass ein Miteinan-

Das Eskalationsmodell

Maßstab für eine Standortbestimmung

Nehmen Sie dieses Eskalationsmodell in schwierigen Konfliktkonstellationen als Analysemöglichkeit in Bezug auf die Frage, wo Sie bzw. Ihr Konfliktpartner sich gerade befinden.

Die Wahrnehmung beider Seiten kann unterschiedlich sein – die Gefahr besteht darin, sich nicht von der Eigendynamik des Eskalationsprozesses mitreißen zu lassen.

Wenn Sie in einer Konfliktsituation den Eindruck gewinnen, dass eine Eskalation droht, kann dieses Modell auch im Konfliktgespräch als Bewertungsraster für eine gemeinsame Standortbestimmung eingesetzt werden, um so Eskalationsmechanismen rechtzeitig vorzubeugen.

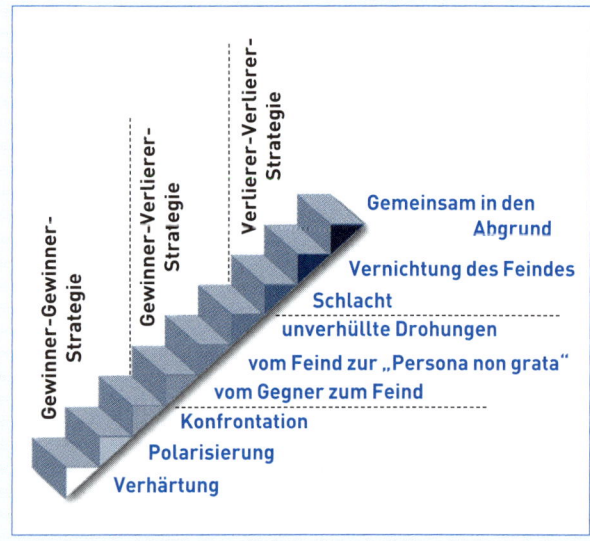

der zunehmend schwierig wird und dass langsam emotionale Aspekte beginnen, eine Rolle zu spielen. Auch wird bewusst, dass die Situation Risiken und Gefahrenpotenzial beinhaltet.

Stufe 2: Polarisierung

Nun wird der Tonfall schärfer – die verbale Auseinandersetzung gewinnt an Heftigkeit. Wenn es möglich ist, bilden die Konfliktparteien Koalitionen, weil sie sich davon versprechen, dass sie auf diesem Weg ihre Position stärken können. Das Verteidigen des eigenen Standpunkts wird unversehens zu einer Prestigesache.

Stufe 3: Konfrontation

Die eigene Bereitschaft, auch einmal nachzugeben, tendiert gegen null. Im Gegenteil ist jeder der Meinung, dass doch gefälligst der andere nachzugeben hätte. Das Wir-Gefühl innerhalb der Parteien verstärkt sich mit der Überzeugung, dass man selbst die richtige Meinung vertrete, während die anderen natürlich die falsche Sichtweise haben.

Ab Stufe vier wird die Rückkehr zur Gewinner-Gewinner-Strategie mühsamer. Auf den Stufen vier bis sechs herrscht klar eine Sieger-Verlierer-Tendenz auf gegenseitiger Basis vor.

Stufe 4: vom Gegner zum Feind

Es entsteht die Überzeugung, dass es nun nur noch Sieg oder Niederlage geben kann – der Kompromiss als mögliche Lösung ist aus den Gedanken verschwunden. Stattdessen herrscht ein Schwarz-Weiß-Denken und ein Sortieren in richtig oder falsch vor. Die Konfliktparteien sind darauf bedacht, den eigenen Ruf nicht zu verlieren.

Stufe 5: vom Feind zur „Persona non grata"

Die Hemmungen schwinden, der Umgang miteinander wird rüde. Das Diffamieren und Bloßstellen des anderen kommt als neue Variante ins Spiel. Man beginnt den Feind zu verachten und zu verabscheuen. Parallel dazu sieht man sich und sein Handeln als ideal und nur von besten Absichten getragen.

Stufe 6: unverhüllte Drohungen

Jetzt wird es langsam dramatisch, denn die Absichtserklärungen werden unveränderbar und absolut. Ultimative und überzogene Forderungen werden in den Raum gestellt. Die Konfliktpartner merken nicht mehr, dass sie sich durch solche unerfüllbaren Ultimaten selbst den Rückzug verbauen.

Auf den Stufen sieben bis neun weicht die Sieger-Verlierer-Strategie einer Verlierer-Verlierer-Strategie. Die Konfliktpartner merken, dass die Chancen auf einen Sieg in unerreichbare Ferne zu verschwinden drohen, und mobilisieren alle verfügbaren Kräfte und Mittel. Auf diesem Niveau kann oft nur noch ein neutraler Schlichter helfen – manchmal muss auch eine dritte Instanz ein Machtwort sprechen, um die Konfliktparteien zumindest zu einem Waffenstillstand zu bewegen.

Stufe 7: Schlacht

Nun bleibt den Kontrahenten nur noch die Flucht nach vorn. Taktische Erwägungen spielen keine Rolle mehr. Stattdessen herrscht offener Kampf, und jeder geht auch die entsprechenden Risiken für seine Interessen ein.

Stufe 8: Vernichtung des Feindes

Der Vernichtungsfeldzug hat begonnen. Es geht nun auch nicht mehr um die eigenen Interessen – jetzt ist nach dem Minimalprinzip schon ausreichend, wenn man die Schlacht so überlebt, dass die eigene Existenz sichergestellt ist. Das eigene Überleben ist schon ausreichend – wenn es nur gelingt, den Feind nachhaltig auszuschalten.

Stufe 9: gemeinsam in den Abgrund

Vernunft und Logik sind ausgesetzt – die Konfliktparteien handeln, als sei ihnen nun wirklich alles egal. Sie nehmen jetzt auch den eigenen Untergang in Kauf, wenn es nur dazu führt, dass der andere vernichtet wird. Die Sache und das Prinzip, um das es geht, scheinen das wert zu sein.

Der rote Faden für das erfolgreiche Konfliktgespräch

In den folgenden Ausführungen finden Sie den roten Faden, der Sie und Ihren Konfliktpartner in sechs Stufen zu einer kooperativen Konfliktregelung führen kann. Eine Garantieurkunde wird allerdings nicht mitgeliefert, denn diese Anleitung beschreibt zunächst, in welcher Struktur Sie ein Konfliktgespräch führen können – wie Sie dieses Gespräch führen, ist natürlich ebenfalls eine entscheidende Voraussetzung für Erfolg oder Misserfolg.

Ein Praxisbeispiel veranschaulicht jeweils die einzelnen Phasen:

Ein Vorgesetzter hat einem Mitarbeiter im Innendienstvertrieb auf seine Frage nach Einsatzmöglichkeiten im Außendienst ausweichend geantwortet, dass er sich dazu derzeit nicht festlegen wolle. Danach ist der Mitarbeiter in einigen Situationen nicht bereit, zusätzliche Aufgaben zu übernehmen.

Phase 1: Sie einigen sich auf eine gemeinsame Sichtweise

Gerade weil in Konfliktsituationen oft Welten zwischen Wahrheit und Wahrnehmung liegen und weil auch die Wahrnehmung verzerrt oder verfälscht sein kann, ist es eine unabdingbare Grundlage für einen Erfolg versprechenden Gesprächseinstieg, dass Sie genau definieren, was genau der Konflikt bzw. das Problem ist.

Den Konflikt zu identifizieren und genau zu definieren, schafft die Voraussetzung für die weiteren Gesprächsphasen. Selbst wenn es noch unterschiedliche Sichtweisen gibt, ist es wichtig, diese unterschiedlichen Annahmen an den Gesprächsbeginn zu stellen.

Genauso wichtig wie die Definition des Konflikts ist es auch, den Konflikt gegen andere Probleme abzugrenzen. Gerade bei Konflikten mit einer längeren oder gravierenden Vorgeschichte wird auf diesem Weg sichergestellt, dass man nicht wieder „bei Adam und Eva" landet, weil plötzlich die Erinnerungen an frühere Situationen die eigentliche Konfliktsituation zu kontaminieren drohen.

Zeitdruck ist der Feind jeder fundierten Konfliktlösung – nehmen Sie sich ausreichend Zeit für jede Phase des Gesprächs. Am besten vereinbaren Sie gleich zu Beginn den Zeitrahmen mit Ihrem Gesprächspartner.

Wenn Sie den Konflikt klar ansprechen, ist es wichtig, dass Sie dies in der Form der Ich-Aussage tun und auf die vorwurfsvollen Du-Botschaften von vornherein verzichten. Mit einer Ich-Aussage beschreiben Sie Ihr Erleben: *Ich war maßlos enttäuscht* – mit der Du-Botschaft schieben Sie dem anderen die Schuld in die Schuhe: *Sie haben mich maßlos enttäuscht.*

Senden Sie klare Signale, dass Sie bereit sind, zur Lösung des Konflikts zu kooperieren, und dass Sie ein Ergebnis anstreben, bei dem beide als Gewinner aus dem Gespräch gehen können.

Der Konflikt stellt sich folgendermaßen dar: Es steht fest, dass der Mitarbeiter enttäuscht ist über die ausweichende Antwort und möglichst bald klare Aussagen über seine Perspektiven für eine Außendienstposition haben möchte. Der Vorgesetzte sieht sich derzeit noch nicht in der Lage, über Perspektiven zu reden, da er aufgrund vereinzelter Kundenbeschwerden der Meinung ist, dass der Mitarbeiter sich erst in schwierigen Kundensituationen souveräner zeigen müsste.

Phase 2: Sie sammeln und entwickeln gemeinsam Lösungsmöglichkeiten

Für die meisten Probleme und Konflikte gibt es weitaus mehr als eine einzige Lösung – auch wenn Konfliktparteien oft zunächst sehr stark auf eine bestimmte Lösung fixiert sein können. Deshalb ist es absolut wichtig, dass es Ihnen in dieser

Gesprächsphase gelingt, eine hinreichende Bandbreite an denkbaren Lösungen zusammenzutragen, ohne die Lösungen jetzt schon in irgendeiner Form zu bewerten. Vorsicht: Das hört sich leichter an, als es wirklich ist. Schon ein Kopfschütteln oder ein skeptischer Blick könnten vom Gesprächspartner als Abwertung verstanden werden. Deshalb ist es wichtig, wirklich offen und bereit zu sein, alle Ideen aufzunehmen, um sie später sortieren und bewerten zu können. In der Phase des Sammelns von Lösungsideen gilt „Quantität vor Qualität" – haben Sie den Mut, ins Unreine zu reden und auch mal etwas Unausgegorenes zu sagen. Oft entwickeln sich aus zunächst ungewöhnlichen Ideen die besten Lösungen.

Wenn Sie den Eindruck haben, dass Ihr Gesprächspartner Vorbehalte hat, seine Lösungsideen zu nennen, dann sollten Sie diese Bedenken ernst nehmen und nach den Hintergründen fragen. Erst wenn Sie die Vorbehalte kennengelernt haben, können Sie diese im Gespräch abbauen.

Folgende Lösungsmöglichkeiten wurden zusammengetragen:
- *Der Mitarbeiter geht zunächst 14 Tage mit einem erfahrenen Außendienstmitarbeiter zu Kunden.*
- *Der Mitarbeiter besucht in einem halben Jahr ein Seminar „kundenorientiertes Verhalten".*
- *Der Vorgesetzte analysiert gemeinsam mit dem Mitarbeiter einige schwierige Telefonate.*

Phase 3: Sie sortieren und bewerten die gefundenen Lösungsmöglichkeiten

In dieser Phase geht es um die zentrale Fragestellung, was jeweils für und was gegen die einzelnen Lösungen spricht. Vorsorglich könnten Sie auch vorab klären, ob Lösungen dabei sind, die für einzelne Beteiligte von vornherein ausgeschlossen wären.

Damit in dieser Phase die Sachlichkeit gewahrt bleibt und eine offene Diskussion möglich ist, brauchen Sie möglichst schon vor der eigentlichen Bewertung klar definierte Kriterien, an-

hand derer Sie gemeinsam die Bewertung vornehmen können. Natürlich sollten Sie auch die Bewertungskriterien gemeinsam sammeln.

Mögliche Kriterien könnten beispielsweise sein: Welche Lösung kostet am wenigsten? Welche ist am schnellsten umsetzbar? Welche Lösung verursacht den geringsten Aufwand?
Welche Lösung wird von anderen am ehesten akzeptiert?

Auch hier gilt: erst sammeln – dann einigen Sie sich auf die
Kriterien, die dann wirklich Grundlage der Bewertung werden
sollen. Um Widerstände und Vorbehalte abzubauen, kann es
hilfreich sein, wenn Sie deutlich machen, dass eine erste Bewertung der Lösungen noch keine endgültige sein muss, sondern auch noch einmal überdacht und revidiert werden kann.
Bei mehreren Bewertungskriterien in einer komplexen Ent-
scheidungssituation bietet sich eine Bewertungsmatrix an, in
der Sie beispielsweise auch die einzelnen Kriterien unterschiedlich gewichten können:

*Aus der Diskussion heraus ergibt sich, dass die Hospitation bei
einem Außendienstler noch verfrüht und die Wartezeit auf das
Seminar zu lang ist. Es besteht aber Konsens, dass die gemeinsame Reflexion schwieriger Telefonate sinnvoll ist, um zu einer
gemeinsamen Sichtweise über die Fähigkeiten und Potenziale
des Mitarbeiters zu gelangen.*

Phase 4: Entscheiden über die zu realisierende Lösung

Als Ergebnis einer sorgfältigen Bewertung sollte nun deutlich
sein, welche Lösung oder welche Lösungen am ehesten den
Konflikt lösen bzw. klären können. Diese Lösung sollte nun
noch so genau wie möglich beschrieben werden, damit es keine späteren Missverständnisse geben kann.

An dieser Stelle befinden Sie sich möglicherweise in einem
Spannungsfeld: Einerseits wollen Sie die Lösung jetzt fixieren – andererseits ist es für den weiteren Verlauf wichtig, dass
die Lösung von den Beteiligten auch wirklich akzeptiert wird.
Die endgültige Auswahl der zu realisierenden Lösung muss in

einer entsprechenden Vereinbarung erklärt werden. Auch wenn es kleinlich scheint: Eine Vereinbarung ist eine übereinstimmende Willenserklärung mehrerer Personen. Stellen Sie sicher, dass es sich wirklich um eine ernsthaft getroffene Vereinbarung handelt.

Man einigt sich darauf, dass der Vorgesetzte zunächst einige Kundengespräche mit dem Mitarbeiter gemeinsam reflektiert und der Mitarbeiter – wenn er souveräner in Konfliktsituationen agiert – eine Gelegenheit erhält, mit einem Außendienstmitarbeiter probeweise auf Reisen zu gehen. Danach soll ein weiterführendes Gespräch stattfinden.

Phase 5: Wege zur Realisierung ausarbeiten

In der Regel ist eine Lösung noch nicht so detailliert formuliert, dass zweifelsfrei feststeht, in welchen Schritten wer der Beteiligten was konkret tun wird, um die Lösung auch vereinbarungsgemäß zu realisieren. Hierbei ist es wichtig, dass die vereinbarten Aktivitäten mit Augenmaß definiert werden, um zu vermeiden, dass sich im Nachhinein herausstellt, dass einzelne Schritte doch nicht oder auch nicht so schnell umsetzbar sind. Wichtig sind ferner die Fragen, nach welchen Kriterien die erfolgreiche Umsetzung der einzelnen Schritte festgestellt werden kann und wer die Verantwortung für das Überprüfen der Realisierung übernimmt.

Der Mitarbeiter verpflichtet sich, vor schwierigen Anrufen rechtzeitig den Vorgesetzten zu informieren. Der Vorgesetzte sagt zu, dass der Mitarbeiter die nächsten fünf schwierigen Gespräche dann jeweils von seinem Büro aus führen kann und dass er im Anschluss daran jedes Gespräch anhand des betriebsinternen Leitfadens mit dem Mitarbeiter reflektiert. Diese Phase soll innerhalb der nächsten vier Wochen abgeschlossen sein. Als erfolgreich gilt es, wenn der Mitarbeiter vier der fünf schwierigen Fälle zur Zufriedenheit der Kunden geklärt hat.

Das erfolgreiche Konfliktgespräch

In sechs Schritten zu einer kooperativen Konfliktregelung

Je besonnener und strukturierter das Vorgehen im Konfliktfall, umso besser sind die Aussichten für eine einvernehmliche Lösung. Die hier vorgestellte Schrittigkeit kann dazu beitragen, Hintergründe und Sichtweisen eines Konflikts transparent und die Lösung konsensfähig, verbindlich und überprüfbar zu machen.

Konflikt benennen

- unterschiedliche Wahrnehmungen und Empfindungen austauschen und sich auf eine gemeinsame Sichtweise einigen
- den Konflikt identifizieren und gegen andere Probleme abgrenzen
- gemeinsam eine Definition des Konfliktes treffen
- beschreibende Ich-Botschaften statt anklagender Du-Botschaften verwenden

Umsetzung überprüfen

- prüfen, ob und wie die vereinbarten Schritte umgesetzt wurden
- gegebenenfalls notwendig gewordene Korrekturen einleiten

Lösungsmöglichkeiten bewerten

- vorab klären, ob bestimmte Möglichkeiten für einzelne Beteiligte von vornherein ausgeschlossen sind
- gemeinsam klar definierte Bewertungskriterien finden und festlegen
- in komplexen Entscheidungssituationen eine Bewertungsmatrix anlegen

Lösungsmöglichkeiten sammeln

- eine große Bandbreite möglicher Lösungen zusammentragen
- die gefundenen Lösungen zunächst nicht bewerten
- auch ungewöhnliche Ideen ins Kalkül ziehen
- Bedenken des Konfliktpartners ernst nehmen und darauf eingehen

Über die zu realisierende Lösung entscheiden

- über die gewählte Lösung so genau wie möglich entscheiden
- eine bindende Vereinbarung für die Umsetzung treffen

Wege zur Realisierung ausarbeiten

- detaillierte Schritte festlegen
- die Umsetzung pragmatisch und realistisch angehen
- Erfolgskriterien festlegen
- Verantwortlichkeiten für die Überprüfung festlegen

Phase 6: Überprüfen der realisierten Lösung und der getroffenen Absprachen

Einer der gravierendsten Fehler in der Klärung von Konflikten liegt darin, dass zwar Vereinbarungen getroffen werden, aber die Beteiligten sich nicht darauf verständigen, wann sie sich mit der Frage befassen werden, ob die Vereinbarung wirklich umgesetzt wurde. Oft wird die Einhaltung der Vereinbarungen nicht mehr kontrolliert. Sie gerät in Vergessenheit, bis einer der Beteiligten darauf stößt, dass die besprochenen Aktivitäten nicht durchgeführt sind. Wenn dann auch noch Termine überschritten sind, ist der nächste Konflikt vorprogrammiert.

Deshalb ist die Phase sechs als ein gemeinsam vereinbartes Controlling-Instrument gedacht. Wenn sich dann herausstellt, dass die Vereinbarung nicht oder nur teilweise umgesetzt wurde, haben die Beteiligten eine sehr gute Möglichkeit, zu klären, woran das gelegen hat.

Ausgehend von der Frage, ob die getroffene Entscheidung zur Regelung des Konflikts wirklich richtig war, analysieren die Beteiligten die in der Umsetzung aufgetretenen Schwierigkeiten und vereinbaren notwendig gewordene Korrekturen. Das kann heißen, dass grundsätzlich eine andere Lösung vereinbart wird, kann aber auch lediglich darauf hinauslaufen, dass einzelne Schritte geändert oder beispielsweise Zeiträume verändert werden.

Dieses bewusst eingeplante zusätzliche Gespräch bietet allen Konfliktparteien die Chance, einen Konflikt wirklich nachhaltig aus der Welt zu schaffen.

Es hat sich gezeigt, dass der Vorgesetzte seine zeitlichen Möglichkeiten überschätzt hatte. Deshalb können nur drei Gespräche in der besprochenen Art und Weise aus seinem Büro geführt werden. Nachdem aber diese drei Gespräche sehr gut gelaufen sind, beschließen Vorgesetzter und Mitarbeiter, dass nun als nächster Schritt gemeinsame Kundenbesuche zusammen mit einem erfahrenen Außendienstmitarbeiter geplant werden.

Gesprächsinterventionen

Wenn Sie Gespräche führen, heißt das nicht, dass Sie viel reden müssen. Gespräche führen heißt vielmehr: das Gespräch so zu lenken, dass Sie von Ihrem Gesprächspartner erfahren, was Sie wissen wollen.
Wenn Sie die folgenden Gesprächsinterventionen gezielt einsetzen, können Sie Gespräche leichter lenken.

Aktives Zuhören

Durch verbale und nonverbale Aufmerksamkeitsreaktionen signalisieren Sie Ihrem Gesprächspartner ausdrücklich, dass Sie zuhören. Nonverbale Anzeichen sind beispielsweise Nicken oder Blickkontakt, verbale Anzeichen sind Bemerkungen wie *Ich verstehe, Aha, Das ist interessant* usw.

Gezieltes Fragen

Es scheint noch immer so zu sein, dass die meisten Gespräche davon geprägt sind, dass zwei oder mehrere Menschen einander sagen, was sie loswerden wollen. Die Konsequenz einer solchen – in der Regel unbewusst eingesetzten – Gesprächsstrategie bringt ein Zitat treffend auf den Punkt:

Was sagt, dominiert – wer fragt, der führt.

Wenn Sie also einen Konfliktpartner zu einer gemeinsam getragenen Lösung führen wollen, dann wird der gezielte Einsatz der richtigen Fragen zu einem wichtigen Gesprächselement.

Offene Fragen

Mit dem Einsatz der offenen Frage aktivieren Sie Ihren Gesprächspartner und regen selbst weniger gesprächige Gegenüber zum Sprechen an. Offene Fragen wecken die Auskunftsbereitschaft. Sie geben dem Fragenden auch Zeit zum Überlegen. Besonders geeignet sind offene Fragen am Beginn eines Gesprächs, um aus den Antworten wichtige Informationen für den weiteren Gesprächsverlauf zu erhalten. Mit offenen Fragen geben Sie Ihrem Konfliktpartner die Möglichkeit, viel zu erzählen und sich die Chance, viel zu erfahren.

- *Was haben Sie sich für dieses Gespräch als Ziel gesetzt?*
- *Wie kam es zu der Reklamation?*
- *Wie zufrieden waren Sie mit der bisherigen Betreuung?*
- *Wann kann Herr Meyer Sie am besten erreichen?*

Geschlossene Fragen

können praktisch nur mit „ja" oder „nein" beantwortet werden. Diese Frageform ist dann hilfreich, wenn es darum geht, in einem Konfliktgespräch klare Aussagen zu erhalten, ein Thema auf den Punkt zu bringen oder eine Entscheidung zu erreichen.

- *Möchten Sie jetzt eine sofortige Entscheidung von mir?*
- *Ist die Reklamation definitiv berechtigt?*
- *Entsprach die bisherige Betreuung Ihren Vorstellungen?*
- *Sind Sie einverstanden, wenn Herr Meyer Sie heute noch zurückruft?*

Alternativfragen

lassen dem Gesprächspartner zwei oder mehrere Alternativen offen. Auch hier geht es darum, ein Gespräch oder einen Teilaspekt davon im Sinne einer Entscheidung zum Ende zu führen.

- *Geht es Ihnen heute darum, eine Entscheidung zu bekommen, oder wollen Sie zu Ihrer Fragestellung lediglich meine Meinung hören?*
- *Ist die Reklamation aus Ihrer Sicht berechtigt oder nicht?*
- *Waren Sie mit der bisherigen Betreuung zufrieden oder hätten Sie sich mehr aktives Nachfragen gewünscht?*
- *Soll Herr Meyer Sie heute Nachmittag oder morgen Vormittag zurückrufen?*

Rhetorische Fragen

sind keine echten Fragen, weil sie die Antwort schon vorwegnehmen. Sie sind für die Klarheit in der Gesprächsführung nur von eingeschränkter Bedeutung, denn es bleibt fraglich, ob der Gesprächspartner wirklich einverstanden ist. Allerdings können Sie Impulse setzen und den Konfliktpartner zum Nachdenken und Mitdenken anregen.

- *Sie wollen jetzt natürlich eine Entscheidung von mir?*
- *Die Reklamation ist aus Ihrer Sicht also unberechtigt?*
- *Mit der Betreuung bisher konnten Sie sicher zufrieden sein?*
- *Ein Rückruf ist sicher die beste Möglichkeit für Sie?*

Die Suggestivfrage

Mit dieser Frage wird dem Gesprächspartner eine bestimmte Antwort „in den Mund gelegt". Auch dies kann helfen, eine positive Entscheidung herbeizuführen. Genauso besteht aber die Gefahr, dass der Gesprächspartner sich manipuliert fühlt und eine Entscheidung abblockt oder im Nachhinein wieder infrage stellt. Insofern muss der Einsatz dieser Fragetechnik sorgfältig abgewogen werden.

- *Sicher erwarten Sie jetzt eine Entscheidung von mir!?*
- *Sie sind sicher auch der Meinung, dass Ihr Einwand an sich unberechtigt ist!?*
- *Mit der bisherigen Betreuung müssen Sie ja zufrieden gewesen sein!?*
- *Sie sind sicher einverstanden, wenn wir das kurz und schnell klären!?*

Die nondirektive Technik

basiert auf fragendem Wiederholen: Sie wiederholen ein Wort oder eine wichtige Aussage des Gesprächspartners mit fragender Betonung. Der Gesprächspartner erhält dadurch einen Impuls, seine Aussage weiter zu präzisieren oder zu korrigieren: „Damit bin ich unter keinen Unständen einverstanden!"

- *Unter keinen Umständen?*

Zusammenfassen

Mit dem Zusammenfassen längerer Passagen bestätigen Sie einerseits Ihrem Gesprächspartner, dass Sie aufmerksam zugehört haben. Andererseits geben Sie ihm die Gelegenheit, Details richtigzustellen, zu präzisieren oder zu ergänzen. So

erhalten Sie auch ein Feedback, was bei Ihrem Gesprächspartner denn wirklich angekommen ist.

Interpretieren

Die Interpretation ist vielfach eine tückische Falle in der Kommunikation: Wir neigen bekanntlich dazu, das, was wir wahrnehmen, durch unsere persönliche Interpretation auszulegen
und zu ergänzen. Wenn Sie unklare Aussagen Ihres Gesprächspartners nur für sich gedanklich interpretieren, erhöht das die
Klarheit im Gespräch sicher nicht. Wenn Sie Ihrem Konfliktpartner dagegen sagen, wie Sie seine Aussage interpretieren,
dann kann er klarstellen, was er genau meint. Eine gezielt und
bewusst leicht verfälschte Interpretation kann den Gesprächspartner noch deutlicher zu einer klaren Aussage bewegen.

Übertreiben

Wenn Sie Aussagen Ihres Gesprächspartners aufnehmen und
in übertriebener Form wiederholen, ist Ihr Partner gefordert,
die Dinge richtigzustellen. Diese Methode gehört zu den
härteren – der Einsatz hängt davon ab, wie konfliktfähig Ihr
Gesprächspartner ist und ob ein etwas härterer Umgang miteinander üblich und akzeptiert ist. Gerade wenn der Konfliktpartner sich nicht festlegt, kann hierdurch Transparenz und
Klarheit entstehen.

Gefühle verbalisieren

Vielfach versuchen wir, Konflikte ausschließlich sachlich zu
klären und Gefühle auszuschließen. Gerade das Ansprechen
der Gefühlsebene kann aber in schwierigen Situationen den
Weg für Lösungen frei machen. Versuchen Sie, die Gefühle
oder Stimmungen Ihres Gesprächspartners in Worte zu fas-
sen, um ihm zu zeigen, dass Sie Verständnis für ihn und seine
Befindlichkeit haben. Ein Satz wie *Ich kann gut verstehen, dass
Sie jetzt ärgerlich sind* kann Ihren Gesprächspartner dazu
bringen, aus sich herauszugehen und sich mit einer Konfliktlösung einverstanden zu erklären.

Vorschläge

Die meisten Menschen realisieren lieber eigene Ideen als die Vorschläge anderer. Manchmal kommt aber von Ihrem Gesprächspartner keine Idee für Lösungen. Nach dem Motto *Vorschläge sind auch Schläge* kann dann ein von Ihnen eingebrachter Vorschlag dazu führen, den anderen aus der Reserve zu locken, doch noch mit seinen Ideen „herauszurücken". Dann ist es wichtig, dass Sie nach Möglichkeit auch die Vorschläge des Konfliktpartners in die Gesamtlösung einbeziehen.

Schweigen, Pausen aushalten

Viele Gespräche sind davon geprägt, dass die Beteiligten keine Pause entstehen lassen – auf jeden Beitrag folgt sofort wieder eine Antwort. Weil Pausen im Gespräch unangenehm wirken, versucht jeder kein Schweigen entstehen zu lassen. Wer jedoch bewusst eine Pause macht und wirken lässt, gibt sich und seinem Gesprächspartner zum einen die Möglichkeit nachzudenken; zum anderen erhält derjenige, der die Pause länger aushält, vom anderen gerade die Informationen, die das Gespräch vorwärtsbringen.

Ich-Botschaften nutzen

In Konflikten sehen wir bekanntlich oft unbewusst die Schuld beim anderen. Das kann zu Äußerungen führen wie *Das sehen Sie falsch* oder *Sie lassen mich nie ausreden.* Diese Formulierungen wirken aggressiv und können der Beginn einer Eskalationstendenz sein.

Mit der Ich-Botschaft vermeiden Sie dagegen, eine negative Wertung über Ihren Gesprächspartner oder über seine Äußerung abzugeben. Die Ich-Botschaft geht den umgekehrten Weg: *Ich verstehe Ihren Standpunkt – mein Standpunkt ist hier ein ganz anderer* oder *Ich würde gerne noch den Gedanken zu Ende führen.* Ich-Botschaften provozieren weniger Widerstand und nötigen den anderen nicht, sich zu rechtfertigen oder zu verteidigen. Sie legen ihm vielmehr offen, welche Reaktionen er bei Ihnen bewirkt hat.

Gezielt provozieren

Achtung – wieder eines der härteren Stilmittel. Wenn es Ihnen nicht gelingt, von Ihrem Gesprächspartner eine Antwort oder eine Festlegung zu erhalten, kann eine gezielte Provokation das Gespräch weiterbringen. Eine Bemerkung beispielsweise wie *Ich bin der Meinung, dass Sie vollkommen auf dem Holzweg sind!* kann einen wehrhaften, uneinsichtigen Konfliktpartner endlich zur Einsicht und zum Einlenken bringen – kann aber auch ein Gespräch eskalieren lassen.

Metakommunikation

Gerade bei Konflikten mit einer langen Vorgeschichte kann auch das beste Gespräch in eine verfahrene Situation geraten: Die Diskussion dreht sich im Kreis, keiner ist bereit, seinen Standpunkt aufzugeben, beide Gesprächspartner sind gereizt und streiten. Hier kann es hilfreich sein, sich einmal von den Gesprächsinhalten zu entfernen und stattdessen darüber zu reden, wie man das Gespräch gerade selbst erlebt und wie man sich dabei fühlt. *Ich habe den Eindruck, dass wir uns seit einer Viertelstunde im Kreis drehen und anfangen zu resignieren – vielleicht sollten wir das Gespräch ein anderes Mal weiterführen?!* Wenn der Konfliktpartner das Gespräch auch als unangenehm erlebt, wird er Ihnen zustimmen, und das Gespräch kann zu einem späteren Zeitpunkt mit neuem Elan weitergeführt werden.

Vertagen

Manchmal hilft alles nichts: Das Gespräch kommt zu keinem Ergebnis. Nach dem Motto *Lieber ein Ende mit Schrecken als ein Schrecken ohne Ende* kann es immer noch das Sinnvollste sein, ein Gespräch ohne Ergebnis zu beenden und zu einem späteren Zeitpunkt wieder aufzunehmen. Das sollte allerdings im Konsens geschehen und mit einer klaren Vereinbarung enden, die auch beinhaltet, wann das Gespräch weitergeführt wird und was die Beteiligten bis dahin tun werden.

Auf den Punkt gebracht

Im Konfliktfall gemeinsam gewinnen, statt einsam zu siegen

- Nicht jeder Konflikt, der offiziell „vom Tisch" ist, ist auch wirklich nachhaltig geklärt. Bei den Konfliktlösungsstrategien Vermeiden, Nachgeben und Durchsetzen bleibt in der Regel immer noch Konfliktpotenzial erhalten, lediglich auf Basis eines guten Kompromisses oder eines Konsenses lassen sich zukunftsfähige Lösungen erarbeiten, die von allen getragen werden.

- Je höhere Eskalationsstufen ein Konflikt erreicht hat, desto schwieriger wird eine Lösung. Wer erkennt, auf welchem Eskalationsniveau er sich befindet, und vermeidet, sich von der Eigendynamik der Eskalationsspirale mitreißen zu lassen, kann gewissermaßen aussteigen und bewusst agieren, statt unter wachsendem Eskalationsdruck lediglich zu reagieren.

- Konfliktlösungsgespräche sollten ganz bewusst strukturiert und besonnen geführt werden. Nur so kann es gelingen, dass beiden Konfliktparteien Hintergründe und individuelle Wahrnehmung des Konfliktes transparent werden, sie sich auf eine gemeinsame Sicht der Dinge einigen und eine konsensfähige, verbindliche und auch überprüfbare Lösung finden.

- Durch den bewussten Einsatz von Gesprächsinterventionen lassen sich Konfliktgespräche steuern. Durch gezieltes Fragen können die erforderlichen Informationen gewonnen und durch Übertreibungen, Schweigen, Provokationen oder Vorschläge Gesprächspartner aus der Reserve gelockt und zu Zugeständnissen oder Festlegungen gebracht werden. Auf einer Metaebene sollten der Verlauf des Gesprächs geklärt und Emotionen thematisiert werden.

7 Die Schlichterfunktion

Der neutrale Blick des unparteiischen Dritten schafft Transparenz

Nicht immer sind wir in der Rolle eines Beteiligten oder Mitbesitzers eines Konflikts; manchmal sind wir auch in der Rolle eines Schlichters. Sei es, dass wir selbst wahrnehmen, dass andere miteinander einen Konflikt haben, und uns zu einer Intervention entschließen oder dass wir von anderen definitiv gebeten werden, in einer Konfliktsituation zu vermitteln. Eine leichte Aufgabe, könnten Sie sagen, schließlich ist es ja relativ einfach, wenn man neutral ist und selbst keine Karten im Spiel hat, in einer Konfliktsituation als neutraler Schlichter oder Vermittler aufzutreten.

Wer es aber schon ausprobiert hat, wird auch manchmal erlebt haben, wie schnell man zwischen die Fronten gerät, ohne es zu merken und ohne zu wissen, ob und wenn ja welchen Anteil man selbst an einer solchen ungünstigen Entwicklung hat. Die Fettnäpfchen scheinen sehr eng zu stehen – selbst bei großer Vorsicht steckt man manchmal plötzlich mitten im Konfliktszenario und ist beteiligt, ohne dass man vorher mit der Situation zu tun hatte.

Weil es offensichtlich doch nicht so ganz einfach ist, die Schlichterfunktion souverän und vor allem wirkungsvoll auszufüllen, einige Tipps und Hinweise:

Gerade wenn Konfliktsituationen sich schon zu einer hohen Eskalationsstufe aufgeschaukelt haben und damit die Chancen, sich selbst zu helfen, für die Konfliktparteien immer geringer werden, ist der Schlichter oft der Einzige, der aufgrund seiner Außenperspektive den scheinbar unentwirrbaren Knoten noch lösen kann.

Wer ist schon neutral?

Objektivität ist ja ein vielfach angestrebtes und sehr hoch angesiedeltes Ideal – in einer Konfliktsituation wird es allerdings unrealistisch sein, zu glauben, als Schlichter mit absoluter Objektivität agieren zu können. Deshalb spreche ich lieber von Neutralität, weil diese eher zu realisieren sein scheint. Neutral sein heißt, keine Stellung zu beziehen und nicht zu bewerten – auch wenn man sich innerlich durchaus schon eine Meinung gebildet haben mag.

Wenn eine Führungskraft beispielsweise einen persönlichen Konflikt zwischen Mitarbeitern wahrnimmt, kann sie nur dann neutral sein, wenn sich der Konflikt wirklich auf die beiden Mitarbeiter beschränkt und in keiner Weise das Umfeld und/oder die Arbeit beeinflusst. Das Ausmaß der Neutralität hängt also davon ab, wie weit und wie stark sich der Konflikt auf andere Mitarbeiter, auf Kunden oder auf die Erledigung der Aufgaben auswirkt. Sobald das Konfliktgeschehen dagegen komplexer wird und sich ausweitet, hat die Führungskraft selbst Karten mit im Spiel und ist nur noch bedingt neutral.

Wichtig ist es in solchen Situationen, klar differenzieren zu können, was der eigene Anteil am Konflikt ist und was der Konflikt zwischen den Mitarbeitern ist. Eine neutrale Position einzunehmen setzt dann voraus, dass die Führungskraft zwar ihr Interesse an der Lösung des Konflikts zum Ausdruck bringt, aber gleichzeitig bemüht ist, für die Klärung eine neutrale Rolle einzunehmen.

Klärungshelfer statt Konfliktlöser

Viele Menschen neigen dazu, Probleme und Konflikte schnell lösen zu wollen – entweder weil sie grundsätzlich eher ungeduldig sind und sich von dem Problem aufgehalten fühlen oder weil sie von Hilfsbereitschaft geprägt sind und anderen Probleme und Konflikte abnehmen wollen. Eine solche ausgeprägte Lösungsorientierung verträgt sich allerdings nicht mit der neutralen Rolle als Schlichter. Wer von Lösungsorientierung geprägt ist, wird schnell zu Bewertungen neigen und damit die Neutralität verlassen.

Wirkungsvolle Unterstützung können Sie nur in der Rolle des Klärungshelfers leisten.

Die Methode ist die der Hilfe zur Selbsthilfe – es soll gelingen, die Konfliktparteien dabei zu unterstützen, den Konflikt miteinander zu lösen, ohne selbst in die Lösungsfindung aktiv einzugreifen.

Der Klärungshelfer
- sorgt für eine konstruktive Gesprächsatmosphäre, indem er beispielsweise ungünstige Kommunikationsformen aus der Meta-Perspektive anspricht: *Ich habe den Eindruck, dass Sie sich schwertun einander ausreden zu lassen.*
- bietet seine Unterstützung an – drängt sich aber nicht auf.
- stellt sicher, dass die Konfliktparteien sich angemessen am Gespräch beteiligen: *Was könnten Sie denn als Lösungsvorschlag einbringen?*
- achtet darauf, dass die Beiträge auch verständlich sind und richtig verstanden werden: *Ich habe den Eindruck, dass Ihr letzter Vorschlag bei Ihrem Gesprächspartner eher unklar geblieben ist. Können Sie ihn noch mal wiederholen?*
- fasst den Gesprächsstand immer wieder mal zusammen.
- macht deutlich, wo sich Konsens entwickelt und wo es Dissens gibt: *In der Frage A scheinen Sie sich einig zu sein, während Sie beim Thema B noch weit auseinanderliegen.*
- bringt die Konfliktparteien dazu, miteinander zu reden anstatt übereinander: *Sagen Sie das Ihrem Kollegen doch bitte direkt.*
- vermeidet es, sich in den Konflikt hineinziehen zu lassen: *Ich kann verstehen, dass Sie von mir eine Stellungnahme erwarten – ich möchte mich aber nicht dazu bewegen lassen, weil ich nur aus einer neutralen Position an der Klärung mitwirken möchte.*

- schafft eine positive Gesprächsatmosphäre und ermutigt die Beteiligten: *Ich habe den Eindruck, dass Sie beide großes Interesse an einer Lösung haben, deshalb sollten wir noch weiter über andere Lösungsansätze nachdenken.*
- deckt Widersprüche und Unklarheiten auf: *War die Äußerung Ihres Kollegen nun eine Antwort auf Ihre Frage oder fehlt da noch etwas?*
- zeigt Geduld und vermeidet jedes Drängen: *Es ist sicher so, dass die Lösung noch Zeit braucht – dafür kann sie dann umso stabiler sein. Wir sollten also nicht in den Fehler verfallen, uns unter Zeitdruck zu setzen.*

Der Klärungshelfer sollte sich jeder Form einer Bewertung oder auch nur einer wertenden Stellungnahme oder einer inhaltlichen Unterstützung Einzelner enthalten. Er würde dann seine Rolle als Klärungshelfer verlassen und die Rolle eines Schlichters oder sogar eines Richters einnehmen.

Drama-Dreieck: Die Schlichter-Rolle kann gefährlich sein

Welche Gefahren in der Rolle des Schlichters oder Richters lauern, hat recht anschaulich die Transaktionsanalyse mit ihrem Vergleich mit der griechischen Tragödie aufgezeigt. Wie in der griechischen Tragödie gibt es im sogenannten Drama-Dreieck drei Rollen: das Opfer, dem etwas angetan wurde, den Täter, der dem Opfer Schaden zugefügt hat, und den Retter, der die Situation auflösen und klären will.

Wenn nun der Schlichter in seiner Retter-Rolle Stellung bezieht und beispielsweise das Opfer bemitleidet oder den Täter angreift, gerät er oft schnell in eine andere Rolle. Wenn der Täter seinerseits den Retter angreift, wird dieser schnell zum Opfer. Die Rollen können dann sehr unterschiedlich wechseln – beispielsweise können sich Opfer und Täter verbünden und gemeinsam über den Retter herfallen.

Auf den Punkt gebracht

Als Schlichter eine neutrale, nicht wertende Position einnehmen!

- Wenn ein Konflikt eskaliert ist oder die Beteiligten sich in ihren gegensätzlichen Positionen verrannt haben, ist ein Schlichter oft der Einzige, der aufgrund seiner Außenperspektive den scheinbar unentwirrbaren Knoten noch lösen kann.

- Als Schlichter sollte man eine neutrale Position wahren; also weder eine Stellung beziehen noch Wertungen vornehmen.

- Der Schlichter muss seinen eigenen Anteil und sein eigenes Interesse am Konflikt außen vor lassen.

- In Konfliktgesprächen nimmt der Schlichter die Rolle eines Moderators ein und steuert den Verlauf von einer Metaebene aus.

- Als Klärungshelfer leistet der Schlichter den Konfliktpartnern Hilfe zur Selbsthilfe.

- Der Schlichter lebt gefährlich: Sobald er seine Neutralität aufgibt und Stellung bezieht, läuft er Gefahr, vom Retter zum Opfer oder Täter zu werden.

8 SOS-Konflikte

Was lange währt, wird endlich gut

Eine besonders herausfordernde und schwierige Art von Konflikten habe ich bewusst an das Ende des Buches gestellt: Diese Art von Konflikten nenne ich die SOS-Konflikte.

SOS steht hier für „same old story" – und meint damit alle Konflikte, die

- bereits eine lange Überlebensdauer hinter sich haben,
- sich allen Lösungsversuchen nachhaltig entziehen,
- immer wieder thematisiert werden bzw. „aufbrechen".

Solche Konflikte scheinen quasi „das ewige Leben" zu haben; wie ein Feuer, das sich unter den Boden gefressen hat, schwelen sie weiter und weiter, und die Beteiligten fühlen sich dabei hilflos oder ohnmächtig und ärgerlich und deprimiert zugleich. Der Ärger richtet sich nicht nur gegen den Konfliktpartner, sondern gegen die Umstände und oft auch gegen sich selbst. Schließlich schafft man es einfach nicht, den Konflikt zu klären und die Alternative, den Konflikt „auszuhalten", also mit der Konfliktsituation seinen Frieden zu schließen, funktioniert auch nicht. Insofern hat das SOS hier auch die Bedeutung des Notrufs: *Hilfe – wir kommen aus der Konfliktsituation nicht alleine heraus.*

Welche Muster laufen ab?

Ein Mitarbeiter steht noch am Beginn seiner beruflichen Entwicklung und ist eher vorsichtig und zurückhaltend. Er wechselt in ein Aufgabengebiet zu einem Vorgesetzten mit einer tendenziell kritischen Einstellung. Wenn dieser Vorgesetzte einen Mitarbeiter zu sich ruft, geht es in der Regel um Kritik, die er klar und konsequent, aber auch ungeduldig und kurz angebunden äußert. Im Lauf der Zeit wird der Mitarbeiter immer unsicherer: „Jedes Mal wird meine Arbeit kritisiert – ich kriege hier über-

haupt nichts auf die Reihe!", denkt er sich. „Ich möchte einmal erleben, dass dieser Mitarbeiter einfach mal alles richtig macht. Und dieses ewige Rechtfertigen, wenn ich ihm sage, wie es richtig sein muss, bringt mich noch zum Platzen!", denkt dagegen der Vorgesetzte.

So kann die Situation auf einer höheren Eskalationsstufe aussehen. Der Mitarbeiter beginnt zu resignieren. Er macht sich selbst Vorwürfe, anstatt zu überlegen, wie er die Fehler von vornherein vermeiden könnte. Der Vorgesetzte ist ebenfalls grundsätzlich negativ eingestellt und schaut sich die Arbeitsergebnisse des Mitarbeiters besonders kritisch an.

Es dauert nicht lange, dann sind die Fronten verhärtet: Aus Sicht des Mitarbeiters ist der Vorgesetzte unfair und nicht in der Lage, Mitarbeiter richtig zu führen. Der Vorgesetzte ist dagegen überzeugt davon, dass dieser Mitarbeiter zu nichts zu gebrauchen ist und nie eine Arbeit fehlerfrei erledigen wird.

So haben die beiden Konfliktpartner eine Eskalationsstufe erreicht, auf der aus einem normal lösbaren Konflikt ein SOS-Konflikt geworden ist.

Nahezu jedes Gespräch zwischen Mitarbeiter und Vorgesetztem läuft nun nach dem gleichen destruktiven Muster ab: So

---

Erwartungen im Vorfeld:

Der Vorgesetzte hat schon gewusst, dass er wieder etwas beanstanden muss und	Der Mitarbeiter hat damit gerechnet, dass der Vorgesetzte wieder etwas finden wird und
weiß genau, dass der Mitarbeiter sich wieder uneinsichtig zeigen wird.	weiß genau, dass er sich wieder wird rechtfertigen müssen.

Das Verhalten im Gespräch bestätigt die Erwartungen:

Vorgesetzter kritisiert.	Mitarbeiter rechfertigt sich.
Vorgesetzter macht Vorwürfe.	Mitarbeiter ist gekränkt.

Ende oder Abbruch des Gesprächs

---

entsteht eine Verlierer-Verlierer-Konstellation mit zwei Konfliktpartnern, die sich emotional im roten Bereich befinden
und sich hilflos im Kreis drehen.

Primär- und Sekundärkonflikt trennen

Aus solchen Konstellationen kommen die Konfliktparteien
in der Regel nur dann heraus, wenn zumindest einer der Beteiligten die Situation in Ruhe analysiert und zwischen dem
Primärkonflikt – dem jeweils aktuellen Gesprächsanlass – und
dem dahinter verborgenen grundlegenden Sekundärkonflikt – dem Negativkreislauf des im Laufe der Zeit entstandenen SOS-Konflikts – unterscheidet. Der Primärkonflikt ist
gewissermaßen Symptom und Variation des zugrundelie-
genden Sekundärkonfliktes.
Das Konfliktpotenzial des Sekundärkonfliktes kann durchaus
komplex und schwer entwirrbar sein. Im Beispiel gehören
hier als Konfliktelemente die Unsicherheit des Mitarbeiters
und seine Rechtfertigungshaltung dazu – aufseiten des Vorgesetzten seine einseitige Fokussierung auf Kritik und seine
ungeduldige, fordernde Form der Gesprächsführung.
Ein Ausweg wäre, dass eine der Konfliktparteien beim nächsten Anlass den grundlegenden Sekundärkonflikt thematisiert.
So könnte der Vorgesetzte ein ruhiges Gespräch mit dem Mitarbeiter führen, wie beide es gemeinsam schaffen, dass er
mehr Sicherheit gewinnt. Umgekehrt könnte der Mitarbeiter
mit dem Vorgesetzten klären, welchen Erwartungen er wie
entsprechen kann. Auch die Art der Gesprächsführung an sich
könnte ein Ansatz sein, über die Klärung eines Sekundärkon-
flikts den Primärkonflikt aufzulösen.

Viele aktuelle Konflikte sind Variationen eines zugrunde
liegenden und im Laufe der Zeit erwachsenen Konflikt-
potenzials, das es zunächst zu klären gilt, bevor der Kreislauf aus negativen Erwartungen und deren kontinuierli-
cher Bestätigung durchbrochen werden kann.

Schlusswort

Nun bleibt mir noch, Ihnen, lieber Leser, eine Zeit zu wünschen, in der es Ihnen gelingt, unnötige Konflikte zu vermeiden und in den unvermeidbaren Konflikten konstruktiv zu agieren. Wenn es dabei Misserfolge gibt, wird es Ihnen sicher gelingen, aus dem Misserfolg etwas zu lernen.

Wichtig wird es auch immer wieder einmal sein, einen Konflikt auszuhalten, ohne sich dabei unnötig emotional hineinziehen zu lassen. Gelassenheit und Souveränität zeigen sich gerade auch in dieser Fähigkeit. Einen Konflikt auch mal stehen zu lassen – Frieden zu schließen mit einer Situation, die negative Gefühle hervorruft – dem Konfliktpartner nicht so viel nachzutragen – auch das kann eine Strategie für ein zufriedenstellendes Leben sein.

Literatur

- Schmidt, R.: Immer richtig miteinander reden – Transaktionsanalyse in Beruf und Alltag, Paderborn 2005
  Der Autor legt Wert auf eine sehr einfache Form der Darstellung der wesentlichen Aspekte der Transaktionsanalyse. Das Buch ist vor dem Hintergrund der Erfahrungen als selbstständiger Unternehmer und ausgebildeter Transaktionsanalytiker geschrieben.

- Schwartz, D.: Gefühle verstehen und positiv verändern, München 2002
  Gefühle spielen eine wichtige Rolle und prägen unser Verhalten. Häufig erschweren negative Gefühlssituationen eine positive Lebenseinstellung. Das Buch gibt konkrete Hilfestellung, in schwierigen Situationen seine eigenen Gefühle positiv zu beeinflussen.

- Berne, E.: Spiele der Erwachsenen, Reinbek 2008
  Neben einer Einführung in die Transaktionsanalyse widmet sich das Buch schwerpunktmäßig dem Bereich „psychologische Spiele". Die Lektüre des Buchs ist zu empfehlen, wenn bereits solide Grundkenntnisse der Transaktionsanalyse vorhanden sind.

Stichwortverzeichnis

Aggression 56
Anerkennung 80
Denken, flexibles 89
Drama-Dreieck 121
Durchsetzen 95 f.
Eltern-Ich 30 ff.
Erfahrung, positive 25
Erfolgserlebnis,
    persönliches 73
Erfolgsfaktor,
    mentaler 72 ff.
Erwachsenen-Ich
    30 ff.
Eskalation 99 ff.
Eskalationsstufen 100
Feedback,
    kritisches 80;
    konstruktives 81
Feedback-Kultur 78
    ff.
Feedback-Regeln
    83 ff.
Feedback-Tendenz
    79
Fixierung 57
Frage, offene 111;
    geschlossene 112
Fragen, gezieltes 111
Gedanken,
    negative 90
Gesprächsinter-
    vention 111 ff.
Grundeinstellung,
    positive 23
Grundstimmung,
    positive 76 ff.
Ich-Botschaft 115
Ich-Zustand 29 ff.
Interpretieren 114
Kind-Ich 30 ff.

Klärungshelfer 119
Kommunikation,
    offene 75
Kompromiss 95, 97 f.
Konflikt,
    gemeinsamer 70;
    interpersonaler 9;
    intrapersonaler 10;
    unlösbarer 17;
    unnötiger 17;
    unvermeidbarer
    92 ff.
Konfliktbesitz 67 ff.
Konfliktdefinition 9
Konfliktfähigkeit 15
Konfliktgegner 20
Konfliktgespräch,
    erfolgreiches 103 ff.,
    108
Konfliktpartner 20
Konfliktpotenzial 16,
    20 ff., 55 ff.
Konfliktsituation,
    persönliche 17
Konfliktstrategie 92 ff.
Konfliktvermeidung
    75 ff.
Konfrontation 101
Konsens 95, 97
Kooperation 24
Körpersprache 63 ff.;
    geschlossene 64;
    offene 64
Lebenseinstellung 37
Lösungsmöglichkeit
    104 f.
Metakommunikation
    116
Nachgeben 95
Norm 43 ff.

Opferhaltung 37
Polarisierung 101
Primärkonflikt 125
Projektion 59
Provokation 116
Rationalisierung 62
Realisierungsweg 107
Resignation 60
Rollenverhalten 21 f.
Rote Knöpfe 27 f.
Schlichterfunktion
    118 ff.
Sekundärkonflikt 125
Selbstbeschuldigung
    59
Selbstwertgefühl 42
Sichtweise, gemein-
    same 103 f.
SOS-Konflikt 123 ff.
Technik, nondirektive
    113
Transaktionsanalyse
    29 ff.
Überanpassung 61
Über-Kreuz-Trans-
    aktion 35
Übertreiben 114
Unternehmer-Ein-
    stellung 39
Verhärtung 99
Verleugnen 57
Vermeiden 94
Warnzeichen 54 ff.
Wert 43 ff.
Wertepolaritäten
    44 ff.
Zielorientierung 72
Zuhören, aktives 111